家族みんながハッピーになる

高齢者ホームの探し方

山崎宏

WAVE出版

はじめに

はじめまして。ＮＰＯ法人「二十四の瞳」の山崎宏と申します。

この本『家族みんながハッピーになる　高齢者ホームの探し方』は、「終のすみか」を探すすべてのみなさん、とりわけ、老親のエンディングについて解決しなければならない具体的な問題を抱えている娘さん・息子さんたち、またご自分の老い先について考え始めた元気なシニアのみなさんを対象に書きました。

そして、単なる実用書の枠を超えて、

★ご両親の終のすみか探しを通して、今一度、親子間の心の距離をちぢめていただくこと

★ご自身の終のすみか探しを通して、本当の意味で自分らしい人生のファイナルステージを描き、実践していただくこと

本書がそのための一助となれば嬉しいなぁという想いを込めて書いていています。

電話相談で実感した高齢者の受難

私は、15年間の外資系コンピューター会社勤務の後、複数の病医院でいろいろな仕事に携わってきました。高齢者向けの施設やアパートも、新規事業として複数開設しました。この「二十四の瞳」という非営利団体は、その途中2006年に立ち上げました。きっかけは、たとえどんなに流行っている病医院であっても、じつは患者さんたちは心身にストレスを溜めながら、いろいろなことにガマンを重ねているのだなぁ～と気づかされたことでした。

そこで、医療や介護を利用する側と提供する側の間に横たわる大きな溝を少しでも埋めたいという願いから、両者間にあってその想いを双方に伝えるような活動を始めたわけです。

その活動の中心となるのが、高齢者世帯を対象にした、24時間365日・年中無休体制の電話相談です。「お困りごとホットライン」という名称なのですが、最近では「コマホ、コマホ」なとど呼ばれています。

コマホに寄せられる相談内容を見てみると、ここ数年で圧倒的に高齢者ホーム、いわゆる「終のすみか」に関するものが多くなってきました。以前は通院している病医院とのつきあい方に係る相談（カルテや検査データの入手、突然の退院勧告を受けての転院先の確保、ドクター・ハラスメントなど）

が中心でした。

しかし、介護保険制度がスタートして15年が経過したことや、昨今の終活ブームもあって、将来的な備えとして物件探しをされる方も増えてきました。その結果、高齢者ホームにまつわるトラブルやクレームがうなぎ上りに増えてきているのです。とくに、老親を抱える娘さん・息子さんからの相談が顕著で、全体の8割を超えています。

介護現場の信じがたい光景

今日も全国の高齢者ホームでは、きっとこんなことが起きています。
★入れられたのは、ベッドとトイレが薄手のカーテン1枚で仕切られただけのせまい居室。まるで刑務所か収容所のよう。
★風邪気味だから食事を部屋でとりたいと頼んでも、「それはできない」の一点張り。
★「体調が悪くなって緊急ボタンを押すと、救急車を呼んでくれただけで「ハイ、おしまい」。職員の同乗はなく、ひとりで救急車に押し込まれた。
他にも数々の「こんなはずじゃなかった」ことが日常的に溢れています。

こうした信じがたい状況にあって、ただじっと耐えながら暮らしている人たちが全国にいかに多いことか。いったい、どうしてこんなことになってしまうのでしょうか。

高齢者ホーム探しの嘆きの声の急増ぶりを受けて、私は改めて決意しました。

高齢者ホーム探しをするうえで、知らなきゃ怖い真実を、ダマされないためのノウハウを、転ばぬ先の折れない杖を、具体的にわかりやすく伝えていかなければならないと。

ここ数年、いろいろな雑誌で終のすみかの特集が組まれていますが、やはり表層的であったり断片的であったりして、結局何をどうしていいのかが頭に残らないという声が大勢を占めています。私自身がこれまでに書いてきたものを読み返してみても、必ずしも体系的にわかりやすくまとめきれたとは言えない……。残念ながらそれが事実です。

ですから、私にとってこの本はひとつのチャレンジなのです。ひと筋縄ではいかないこの業界について、親世代も子ども世代も納得のいく高齢者ホーム探しの方法について、読者のみなさんの腹に落ちるようなガイドができるかどうか。そして何よりも、自分自身を深く見つめなおし、納得のいくエンディングを描いていただけるかどうか。親子関係を改めて見つめなおし、最後まで良好な親子関係を維持していただけるかどうか……。

家族みんなでハッピーになろう

老親をお持ちの読者のみなさんは、ぜひとも本書を参考にしながら、お母さん・お父さんの終のすみか探しをうまくリードしてあげてください。仕事や家事でお忙しいことは重々承知です。それでも、みなさんを産んで育ててくれたご両親が、人生最後の大きな買い物で後悔することがないように、最後の親孝行だと思って助けてあげてほしいのです。心からそう願っています。

ともすれば、年齢を重ねるにつれて親子間の心理的距離が遠のいてしまいがちです。ここ数年、親子間の信じられないような凄惨な事件も耳にしますが、老親のエンディングに向けた課題のひとつである終のすみかについて話し合い、親子でコミュニケーションを積み重ねることで、双方の心の距離もちぢめてほしいのです。ご両親の円滑なエンディングを一緒に考える経験は、きっと将来、ご自身が当事者となった時にも活きてくると思います。そのためのバイブルになるような本を書いたつもりです。

自分自身の円滑な老後に向けて、しっかりと準備しておこうという読者のみなさんには、終のすみか探しで失敗することがないように情報武装していただきたい。ご自身の本当に自分らしい最後の生活場所を見つけてほしい。そう願っています。山あり谷ありの人生をがんばって生きてこられたみなさんが、充実のファイナルステージを迎えられるように、最後の自分探しを成し遂げてほしいのです。

本書を横に置きながら、高齢者ホーム探しの作戦を立ててみてください。「なあに、なるようになるさ」と言い放つ人もいるのですが、そこはやはり、立つ鳥跡を濁さずで、周囲に面倒や迷惑をかけることなくスマートに幕を引きたいものです。それこそがクールな老後のあり方です。ご賛同いただけるみなさんの旺盛なるチャレンジ精神にエールを送りたいと思います。

シニアよ、ダマされるな

昨年、一昨年と、実際に入居物件を探している顧客に扮して現地突撃覆面調査を敢行しました。その数、約２００件。これまでの多くの相談事例に基づいて編み出した「終のすみか25の選定基準と5つの究極質問」をさまざまな角度からぶつけて、相手の本音を引き出し、サービスの実態を見抜き、問題点を炙《あぶ》り出しました（第5章参照）。

そして、これを踏まえて、通り一遍のありきたりなコメントではない、終のすみかの本質的な見極めのツボをまとめたもの、それが本書ということになります。

本書のねらいは、ズバリ、「シニアよ、ダマされるな」。

シニアライフを満喫するつもりが、思わぬ落とし穴にはまってしまったなどということがあってはならない。そんな想いで、読者のみなさんに、高齢者ホーム探しで失敗しないために持っていてほしい意識と知識と技術について整理しました。

本書の構成について

全体の構成は、以下のようになっています。

第1章では、全国の高齢者ホームで起きている、現場の実態をご紹介します。

第2章では、エンディングにたいする親世代の想いを共有し親子関係を顧みるための手法、ご自身の人生を振り返り自分らしい老後をイメージしていただくための手法をご紹介します。高齢者ホーム探しの前提となる事前準備として位置づけています。

第3章では、高齢者ホーム探しで絶対にないがしろにしてはならない作戦の立て方についてご紹介します。

第4章では、第3章で策定した作戦を実行するためのハウツーをご紹介します。現地見学の際のチェックポイントと、物件の本質を見抜くために有効な質問をまとめました。

第5章では、私どもが行った高齢者ホームの覆面調査の結果についてご紹介します。
第6章では、高齢者ホームに関するよくある質問とその答えをまとめました。

後になって「こんなはずじゃなかった……」と嘆くことがないよう、終のすみか探しで失敗しないためのガイドブックとして、本書をお手元に置いていただければ何よりです。

家族みんながハッピーになる　高齢者ホームの探し方　目次

第1章 こんなはずじゃなかった！
～相談事例あれこれ～

第2章

STEP1 親子間の距離をちぢめる

4つのCと8つのQ

最後まで良好な親子関係を維持するために

第5章

衝撃！・サ高住は「サービス抜き高齢者向け住宅」だった
～覆面調査レポート～

第6章

よくある質問、まとめて回答

編集　星野智恵子（冬芽工房）
装丁　加藤愛子（オフィスキントン）
カバーイラスト　小林裕美子
校正　鴎来堂
ＤＴＰ　ＮＯＡＨ

第1章

こんなはずじゃなかった！

～相談事例あれこれ～

老いる世間は鬼ばかり、です。団塊世代800万人の65歳突入（2015年）を受け、防御の甘い高齢者を虎視眈々と狙う商法に拍車がかかっています。

私どものコマホ（お困りごとホットライン。24時間365日・年中無休）に寄せられる相談の中身を見ると、ここ数年でとくに急増しているのが、いわゆる「終のすみか」に関する問題です。ほとんどが老親を抱える娘さん・息子さんからの相談です。やっとのことで高齢者ホームを決めて住まわせてはみたものの、「こんなはずじゃなかった……」と悲嘆に暮れる人たち、さらには、今まさに終のすみか探しの決断を迫られている人たちからのSOSがとまりません。

何はともあれ、まずは、後の祭りを嘆いている人たちのナマナマしい悲劇から紹介したいと思います。

［悲劇その1］　職員が救急車に同乗してくれない緊急時支援

2015年、年が明けて最初の相談、というか、陳情案件がこれでした。中堅クラスの介護事業者が運営するサービス付き高齢者向け住宅（サ高住）に父親が入居。仕事中の娘さんの携帯が鳴り、当該物件の事業所長を名乗る男性がこう言ったというのです。

「お父様が食事中に胸が苦しいとおっしゃってその場にうずくまってしまいました。救急車を呼ぼうと思いますが、どれくらいで来てもらえますか？」

相談者は中年女性。電話の向こうでかなり興奮しています。怒っています。

相談者である娘さんに、何が「どれくらいで来る」という話なのかを確認してみると、救急車ではありませんでした。相手は娘さんにたいして、「娘さん、あなた、あとどれくらいの時間でこちらに来られますか？」と質問していたのです。エキサイトしている娘さんに5分ほど思いの丈を吐き出してもらった後、さらに詳しく状況を聞いてみると……。

救急車を呼ぶだけだったら小学生でもできる？

「あなたの父親が食事中に倒れた。救急車を呼ぶことになった。だから娘さん、早く来なさい！」

これって、おかしくありませんか？　娘さんはそう言って怒っているわけです。

「とっとと救急車呼んで、病院へ連れてってやってくれよ！　なに悠長なことやってんだよ！」

これが娘さんの心の叫びでした。でも、相手の言い分は、

「うちの職員は救急車には同乗しないことになっている。あなたがすぐに来られないのなら、お

父さまをひとりで救急車に乗せることになりますけど、いいですか？」

というものだったのです。当然、娘さんは仕事で移動中にもかかわらず、相手に食ってかかりました。

「アタシは仕事を持ってるんだから、すぐに飛んで行けないのがわからないのか。どうして職員の誰かが同乗してくれないのか。どこぞの病院に運び込まれた87歳の父親が、胸が痛いというのに、医者に何をどうやって説明できると思うか。ふだんの父親の状況は、離れて生活している娘の自分よりも、アンタたちのほうが詳しいでしょ。あまりにも無責任じゃないか！」

とまぁ、こんな感じのことを叫びまくったということでした。

娘さんの怒りはもっともです。娘さんの憤懣《ふんまん》やるかたない気持ちは、本当に手に取るようにわかります。私であっても、こういう物件には親を住まわせたいとは思いません。

が、しかし……です。入居者に何があろうとも、職員を救急車に同乗させないという物件はよくあるのです。大手介護事業者であっても、例外ではありません。そして、普通はそのことを入居前にキッチリと伝えているはずです。入居者の緊急時対応は、この世界では歴史的によくモメるところなので、物件側は気を配りながら説明をするはずなのです。

だから、娘さんは「訴える！　お知恵を拝借したい」と希望してきたのですが、残念ながらこのケースはむずかしいとお答えしました。「救急車に職員が同乗しない」旨、説明したのかしなかったのか、その証拠がないからです。当然、相手は「説明してご納得いただいている」と言ってくるに決まっています。その時のやりとりを録音でもしていない限り、「言った、言わない」のやりとりになることは目に見えています。本来であれば、入居前の説明のときにボイスレコーダーを用意しておきたかったところです。

老親だけで高齢者ホームを探すことはできるか

後日、娘さんと直接会って話してみてびっくりしたことがあります。なんと、87歳にもなる父親が単独で当該物件と契約したというのです。驚きました。レアケースです。

というのも、高齢者ホームの契約手続を高齢者が単独で行うことは不可能だと、私は常々考えているからです。相手がひどい輩《やから》の場合、いいように丸めこまれてしまう危険があります。あれだけ注意を喚起されていても改善効果が見られない振り込め詐欺や還付金詐欺の被害状況……。あれを見る限り、あり得ません。私たち人間は、齢を重ねるにつれて、相手の説明を理解する能力も低下してきます。そもそも、高齢者ホームというのは複雑かつ専門性の高い内容でもあります。だから、契約前の段階で娘さんがノータッチだったこと、父親が娘さんにひとことも相談しなかったこと。これがトラブルの根本原因だと思います。

そこには、他人にはわからない親子関係があるのかもしれません。エンディングについて、元気なうちから会話する場づくりをしてほしいものだと、つくづく思い知らされたケースでした。父親が人生最後の大きな買い物をするという時に、父娘の間でなんのコミュニケーションもなかったという事実。それが残念でなりません。親からでもいい。子どもからでもいい。いや、どちらかと言えば、子どもの側から切り出してあげてほしい。早いに越したことはありません。

また、ご自身で高齢者ホームを探される場合には、たとえお子さんでなくとも、やはり、冷静な第三者に相談しながら進めてほしいと思います。

［悲劇その2］　入居目的と物件のミスマッチ

２０１５年の2月初め、大手介護事業者が東京郊外で運営するサ高住に、前年の暮れから83歳の母親を住まわせている娘さんから相談の電話をいただきました。ちなみに、母親は要支援１ですが、とくに介護サービスは利用していません。

数年前に父親が他界した後も、甲府でひとり暮らしをしていたしっかりものの母親。ですが、昨年夏場に膝関節の手術をして以来、ひとり歩きが心もとなくなったこともあって、母親を東京に呼び寄せ、とりあえず同居を始めました。でも実際に多世代同居をしてみると、いろいろな問題が出てくるものです。娘さんが住んでいるマンションの部屋数の問題に加え、大学受験を控えた長女もいます。母親が気を遣っている様子がありありだったため、母娘で近隣の施設を見て回ろうかということに。そこで目に留まったのが当該物件でした。開設してまだ半年程度でこぎれいなのに加え、母親が応対してくれた入居相談員と意気投合したのが決め手でした。月額費用は27万円。内訳は、家賃13万円、共益費3万円、食事6万円、生活支援サービス費5万円です。

入ってみたら周りは重度の人ばかり

さて、娘さんからの相談内容は、「母親が他の物件に移りたがっている。理由は、入居者が要介護度の高い人ばかりのため、食事の際にストレスがたまるし、諸々の臭いも鼻につくようになってきた」というものでした。

部屋食（食堂やホールで他の入居者と一緒に食べるのではなく、食事を部屋に配膳してもらうこと）にも対応してもらえず、次第に食欲が減退し、母親の体重は3キロも落ちてしまった……とのこと。

娘さんの話では、入居相談の際に「居室数は28。入居者の平均介護度は2～3だが、自立者から要介護5まですべてに対応できる体制を敷いている。自立者も5～6名いる。現在の空き室は2つだけ。それも週明けの入居説明会で埋まってしまうかもしれない」との説明を受けていました。

ところが、母親の話では、「はじめて食堂に行ってみてびっくりした。半分くらいの人が車椅子だし、ボケてる人も多い。同じテーブルに食事介助の人や、落ち着きなく奇声をあげている人もいて、とても食事を楽しめる雰囲気ではない」

ある時、職員に、「自分の部屋に持っていって食べてもいいか」と聞いてみたそうです。すると、「ああ、ごめんね。ここで一緒に食べてもらえないかなぁ。途中で落としたりしたら危ないもんねぇ」と一蹴されてしまいました。母親は、その職員の口の利き方も不愉快だったと腹を立てていました……。

そもそもの入居目的は何なのか

この介護事業者が運営する物件は、入居相談や見学会には本部の営業系職員が対応するようになっています。つまり、母娘の相手をしてくれた入居相談員は、ふだんは現場にいない人だということです。だから、いくらその人物を気に入ったからといって、いざ暮らしてみたら二度と顔を合わすことはありません。見極めるべきは、現地の職員なのです。

また、人工関節を入れたとはいえ、相談者の母親はまだ要支援。実質的には自立状態の人が、要介護の人たちに囲まれて暮らすこと自体に無理があります。運営しているのが介護事業者である以上、経営的に重度の人たちを囲い込みたくなるのは当然です。理由は、そのほうが儲かるからです。

既存物件のほとんどが同様で、症状の重い人たちを住まわせることに躍起になっています。アクティブシニア（身の回りのことは自分でできる元気な高齢者）を想定した物件は稀なのが現状です。

実際に、要介護者とともに食事したり、散歩したり、趣味活動などをしたりしてみるとよくわかります。やはり、自立者にとっては相当のストレスになるということが。気が滅入って心理状態が損なわれてしまうこともあります。

自立状態のうちから終のすみかを探すのであれば、入居者のうち自立の人がどれくらいいるのか、自分の目で確かめることです。実際に会わせてもらって会話してみるくらいじゃないと危険です。お友だちになるかもしれない相手なのですから、相性を見ておいたほうがいいに決まっています。そうした機会も与えてくれないという物件は、やはり疑うべきだと思います。

ですから、このケースでは、母親を「何のために入居させるのか」というもっとも根本的なところ（ご本人自らが探す場合には、「自分は何のために高齢者ホームに入るのか」）を押さえきれていなかったことがもっとも大きな原因です。物件探しをする以前の問題として、母娘で「はじめの一歩」を踏み外してしまった結果と言えるでしょう。

まさかご本人が、要介護者の実態を目の当たりにして、自身の老い先を呪い、覚悟を決めようと考えたわけではないはずです。娘さんだって、母親にそんなことを望みはしないはず。母親のそこそこハッピーな老後を描いて入居を決めたはずなのです。母親だって、贅沢は言わないまでも、自分のペースとリズムでゆったりと過ごしながら、時には気の合う仲間とおしゃべりしたり、お茶を飲んだり、たまには外出したりしたかったはずです。

ところが、入居してしまった物件は、要介護者を束ね、介護サービスを提供することを主眼にしていたわけですから、もう結論は明らかです。これはもう、アクティブシニアが自分らしく生活できることを謳っている物件に転居すべきです。高齢者ホーム探しにおいても、やはり最初が肝心だということです。

なお、現在は、私の知り合いが事業所長をやっているサ高住への転居が決まり、引っ越し準備に取りかかっているところです。

［悲劇その3］　例外を認めない杓子定規なマニュアルワールド

2014年、年明け早々の話です。「84歳の父親のことで」と、娘さんから電話をいただきました。長年連れ添った妻を失って半年。父親のSさんの心身の状態は「要支援」と軽度。離れて暮らす娘夫婦と相談の結果、ひとりでは広すぎる戸建の持ち家を処分。大手介護事業者が運営するサ高住に転居して、もうじき3ヶ月。住まいが最寄り駅から遠いことと、独居で戸建を維持管理する手間。それが転居を決めた理由でした。身の回りのことはどうにか自分でできるため、介護保険サービスはまだ利用していない状況です。電話相談の後、娘さんの職場を訪れ、さらに詳しい話を聞きました。その結果、（物件側に対しては）私は娘さんの夫という立場で、一緒にSさんを訪ねることになりました。

掌が凍てつき、頬が痛いほどの朝。革靴のなかで足指はちぎれそう。吐息がつくる霧の向こうに、背中を丸め、よろよろとゴミ出しをする年配の男性。距離を詰めて挨拶を交わし、それが訪問相手のSさんであることがわかりました。雰囲気的には、往年の名優、伴淳三郎といったところでしょうか。ラクダ色のスウェットはよく見ると2枚重ね。その上から黒の防寒具を羽織っています。ゴミ置き場の前で娘の顔を見て、Sさんは嬉しそうです。寒さに身をかがめながら私たちを室内に先導してくれるSさん。茶色いサンダル履きの足元は頼りないものの、年齢の割にはしっかりしています。そう言えば、5年前に死んだ私の父親と同い年であることにふと気づきました。

入居してすぐに感じた違和感

20㎡弱の部屋は、大人3人だとやはり窮屈です。娘さんが事のいきさつをSさんに話しはじめます。私は勧められるまま、布団を上げたベッドに腰を下ろしました。Sさんが弱々しい笑顔で、私に手を差し出してきました。哀愁を感じる瞳には、何かを訴えるような切実さを感じます。両手で握り力を込めると、Sさんの笑顔にも力が入り、何度も何度もうなずきました。IHヒーターでお湯を沸かしはじめた娘さんの背中も笑っているようです。

「年金プラス娘の援助で、何とかやりくりをつけながら毎月支払う23万円。これは決して楽な金額ではない。しかし、見学の際に説明を聞いてみて、それを補ってあまりあるメリットを感じました」

とSさんは遠くを見るような目で話してくれました。なんといっても、築50年の持ち家と比べ冬でも暖かいのが大きかった。夏場だって快適です。それに、すっかり物忘れが激しくなった今、認知症リスクへの対応ということもあります。食事を作る手間がいらないのも大いに助かります。さらに、日常生活全般の便宜を図ってくれる専任スタッフがいるのも心強い。そのための対価と思えば安いものです。もうこれで、何かにつけて、仕事に育児に忙しい娘の携帯を鳴らさずにすむのですから……。

みんなで納得して決めた……はずでした。が、しかし……。「何か、ちがう」、Sさんがそう感じるのに、入居1週間とかかりませんでした。

「いやぁ、入る前に聞いた話とちがうことが多くってですね。まぁ、入ってしまったんだから、今さら出るっていうのもむずかしいでしょうけどね。はっきり聞くべきことは聞いておきたいっちゅうふうには思うんですよ。この数ヶ月、娘に何度も電話しましてね。なんかおかしいって、管理人に確かめてくれっちゅうふうに言いましたんですけどね。娘も仕事持っててね、なかなか忙しいの、わかっちょるもんでね。だからって、私みたいな年寄りが自分で掛け合うっていうのもねぇ。変な言い方でもして、冷たく当たられたりしたら……とか考えちゃってね。施設での物騒な事件とかもニュースで聞くから。それはそれで娘たちに迷惑かけてしまうでしょ……」

現地見学会や入居相談会のむずかしさ

ここまでの様子で、Sさんの思考も言動も正常であることがわかりました。石油会社の経理畑で社会人人生をまっとうしたSさん。良識人です。入居前の説明もキチンと聴いていたであろうことは間違いありません。ただ、多くの場合、一方の運営側もキチンと説明はしているはずです。説明責任義務をはたしておかないと、後々やっかいなことになると企業側もわかっています。それでも「話がちがうじゃないか」というトラブルが後を絶ちません。説明時に使われる、ひとつひとつの言葉の意味。その解釈が、双方で異なるからです。

運営側にすれば、何十人という入居者（入居候補者）がいるわけです。そんな大勢の人たちに想定されるすべての関心事を、ひとつひとつ説明することはなかなかむずかしい。だから、通り一遍の説明に終始してしまう場合が多いのです。たとえばこんなふうに。

「円滑で快適に過ごしていただけるよう、入居者様の便宜を図るよう努めております。日常のさまざまな生活相談にも応じますので、ご家族も安心です。医療や福祉の専門職が常駐していますから、万一何かあっても心配いりません」

Sさんの場合もそうでした。入居説明の際には、運営側もそれなりの立場の人材を前面に出してきます。本社からやってきた背広組であることが多いのですが、ビジュアルもそこそこで、まぁこの人が言うのだから大丈夫だろうと、入居者側は都合よく受けとめがちです。

しかし実際に入居してみると、向き合う相手はまったくの別人です。ケアワーカー、ホームヘルパー、ケアマネージャー、介護福祉士、看護助手……。非常勤のパートやアルバイトである場合も少なくありません。

彼らには、残念ながら、臨機応変な対応はむずかしい。運営マニュアルに則って動くしかない。そうしないと、経営的にも採算が合わなくなってしまう事情もあります。

だから、入居者側は気をつけなければなりません。自分が入居した場合の一日を、細かくイメージしてみましょう。どんな場面で、どんなサポートを必要とする可能性があるのかを。それを具体的に言葉にして、「対応していただけますか？」と言質を取ることが大切なのです。

高齢者にありがちな相手への遠慮

でも実際には、入居説明会でそこまでキチンと質問する人はほとんどいません。残念なことですが、「むずかしい客だ」と思われてしまうリスクを無意識に避けてしまうのです。だから、知らず知らず「良い客」を演じてしまうようなところがあります。

で、実際に入居してしまった後に、「こんなはずじゃなかった……」となる。

コマホにかかってくる相談の電話は、まず間違いなく事後相談です。覆水盆に返らずで、現実的にはどうにもならないことが多いです。なぜなら、運営側はそれなりにキチンと説明義務をはたしていて、入居者側もそれをそれなりにキチンと聴いた上で契約しているはずなのですから。説明時に使われた言葉の解釈にズレがあったこと。それは決して運営側だけの責任ではありません。そう。どちらも悪いのです。

しかし、この盲点を意図的に利用することで入居者確保につなげている、そんな悪しき輩《やから》がいることもまた事実です。全国的に高齢者の最後の場所が不足していると煽《あお》るメディアが、そんな動きに拍車をかけます。実際には、施設入居率は全国平均で8割に満たない。空きはあるのです。要介護度3以上の人たちの終のすみかは足りているというのが現場の実感です（107頁の表参照）。真剣に探せば必ずあります。ないというのであれば、それは相談した相手が悪かったということだと思います。

Sさんが遠くを見るような視線でつぶやきます。

「もっと逐一確認しとくべきだったんでしょうね。早く入るとこ決めて、娘たちの不安をなくしてやんなきゃなぁ〜って思ったりもしてねぇ」

娘さんも席に着き、場のムードができあがったようなので切り出しました。

Sさんが「こんなはずじゃなかった……」と感じた出来事。それをひとつずつ具体的に教えてもらわなければなりません。

内容によっては運営側の管理責任者を問い質したり、運営企業に対してクレームをつけたりすることもできます。厚労省や国交省に事情を話して指導してもらうことだってできるのです。

いずれにせよ、入居者や家族だけが泣き寝入りするのはおかしい。それではいつまでも高齢者サービスの品質が向上しません。この世界にはびこるスキャンダラスな側面が払拭されません。どこまでできるかはわかりませんが、まずは正確に事実を把握する必要があるのです。

部屋食、買い物、何を頼んでも「だめ」

「ここに入って3日目だったですかねぇ。なんだか身体がだるくってね、食堂まで降りていくのが億劫でしてね。申し訳ないけど、部屋のほうで朝食を摂れないかって電話したんですよね」

サービス付き高齢者向け住宅は文字通り「住宅」。早い話がアパートです。施設ではありません。一般住居と同じはず。入居者みんなが、同じ時間に決められた場所で食べなければいけないのはおかしな話です。しかし答えはノーでした……。

電話の向こうの声の主いわく。

「食事は1階のホールで摂っていただくことになってるんです。Sさんだけ特別にってことはできないんですよ。一応、ルールですからね」

結局Sさんは、その日は朝食と昼食を食べませんでした。ですが、お金を払っているんだからもったいない。そんな意地のような気持ちで、夕食だけはと思って階下に降りていきました。

しばらくしたある日、トイレットペーパーがなくなりかけていることに気づいたSさん。廊下ですれちがった孫のような職員に気軽に頼んでみた。

「何かのついでの時でいいから、買ってきていただけると助かるんだけどね」

「ああ、ごめんなさいねぇ。そういうことはできないんですよぉ。おひとりにだけそういうことをしてしまうと、もうキリがなくなっちゃいますからねぇ」

Sさんは介護保険サービスを使っていません。介護度は「要支援」で、心身の状態はそんなに深刻ではないからです。極力自分のことは自分でしようと、ヘルパーなどの支援は受けていませんでした。

そのサ高住では、介護保険サービスを利用している人が9割以上。その人たちは、介護サービスを提供する運営企業と契約し、ケアプランと呼ばれるサービス提供票に則ってさまざまな支援を受けることになります。そのなかに「家事援助」というのがあって、買い物や部屋の清掃などを代行してもらうのです。

Sさんは、そもそも介護サービスの契約をしていません。だから、トイレットペーパーを買ってきてほしいと頼んでも受け入れられなかったわけです。

「いやね、しょっちゅう頼むわけじゃないんですよね。管理人さんだって忙しくって大変なのはわかってますからね。よっぽどじゃない限り、自分のことは自分でやらなきゃってね、私だって思ってますよ。ただ、体調が芳しくなくて、自分じゃどうにもならない時にね。ちょっとあれを買ってきてもらえないかって。年齢がいって寒い時期とかになれば、こういうことは起こり得ると思うわけですよね」

Sさんが、冬の寒い朝、みずからゴミを出しに行ったのもこのためです。介護サービスを利用していない、つまり物件側からしたら売上にならないため、「ちょっとゴミを」とは頼めないのです。傾向としては、「別途料金をいただければ対応します」というところが多いです。

Sさんの娘さんはこう言います。

「最初に見学に来た時に、日常的ないろいろな部分で便宜を図ります。それが私どものサービス付き高齢者向け住宅です、って説明されたんですけどねぇ」

Sさんが入居した物件は、家賃・共益費・食費として月額18万円。その他に、生活支援サービス費という名目で毎月5万円を支払っています。この額は、人口50万人都市のサ高住の相場でもあります。

こころもとない管理責任者の言動

ひとしきりSさんと会話した後、私と娘さんは土産を手に管理人室のドアを叩きました。40歳代半ばといったところでしょうか。聞けば、ケアマネージャーの資格を有する、この物件の管理責任者Aさんでした。

「いつも父が大変お世話になっております。これ、つまらないものなんですけど、みなさんで召し上がってください。いや、本当に日頃よくしていただいているので。気持ちだけですから」

恐縮しながら菓子折りを受け取ったAさんに、私は娘婿を装いながらボソボソッと続けます。

「こちらのアパートに入れていただいて、父も大変居心地が良いと言っておりました。私どももそうそう頻繁には来ることができないので、本当に助かってるんですよ」

「ああ、そうですかぁ。そう言ってもらえると、私たちも甲斐があります。限られた頭数で大勢の方を見なければならないもんでねぇ……。至らないところもありますが、要望とかありましたら、一応、言ってみてください」

管理責任者にしては、客にたいする言葉の選択が微妙におかしい。日本語の使い方も危なっかしい。これだけでもこころもとない。入居者や家族のなかには、きっと不安を覚える人もいるでしょう。が、人手不足であることをあっさり認めるのは、ある意味で正直でいい。ズバリ、「至らないところがある」と言っています。この後の展開に興味津々です。

「こちらでの生活について、今父ともゆっくり話してきました。お忙しいところ申し訳ないのですが、何点か確認をさせていただいてもよろしいですか？　私どもに勘違いがあるといけないので」

どうぞどうぞと勧められるままに、私と娘さんは腰を下ろしました。近くにいたスタッフに「お茶を」とだけ指示をして、Aさんも腰を下ろしました。とくに筆記用具などは手元にありません。きっと彼の頭には大容量のメモリーが搭載されているのだろうなぁ～と想像しながら先を続けます。

「介護サービスを利用していないと、やはりゴミ出しとかは本人がやるしかないですかねぇ。父はほとんど自立に近いですから基本的に問題はないんですが……。でも、たまに、体調が良くなかったり、悪天候の時だったり、ちょっとしんどいみたいな弱気なことを言うものですから」

「そうですねぇ。介護保険を使ってらっしゃれば、「家事援助」の枠のなかでできるんですけど、そうでないと、一応ご本人様にお願いするしかないんですよねぇ。うちの場合、いったん外に出ないとゴミ置き場に行けませんからね。本来でしたら、寒い日とかは私たちも代わってあげたいななんて、職員同士で話したりもしてるんですけどねぇ……」

「それでは、当然、買い物とかもお願いするのはむずかしいのでしょうね。ティッシュやらトイレットペーパーやら、かさばるものはけっこう億劫なようで……。生協の宅配サービスみたいなのは、入居者が個々に契約しても構いませんよねぇ？」

「ああ、生協ですかぁ。あれは宅配してくれますもんね。どうなんだろ。や、問題ないとは思うんですけどねぇ……。どなたも利用してないんじゃないかな」

判断に困っている様子。管理責任者がジャッジできなかったら、いったいどうすればいいんだ？　管理責任者でこうなら、他の職員に何を問い合せても埒《らち》があかないはず。

「あと、食事なんですが、本人の体調が優れない場合には、自室で摂らせていただけると助かるんですが。父が言うには、『下でみんなと同じ時間に食べるのがルールだから』と職員の方に言われたと……。そんなことないですよね。こちらは施設じゃなくって住宅ですもんね。あれくらいの歳になれば、気分の優れない日だってありますからね」

「はい……。それはそうなんですけどねぇ。食事の時間帯は、ほとんどの職員が食事介助に入ってしまいますもので……。Sさんにも、原則はホールの方でお願いしたいんですよねぇ」

費用の内訳を説明できない管理責任者

ここで娘さんが切り出す。

「入居前の説明を伺った時には、入居者の生活が円滑にいくようできる限りの支援をしていただけるって伺った記憶があるんですが、実際にはむずかしいということなのでしょうか？」

「いえ、そんなことはないんですよ。私たちもできるかぎりのことを、とは思っているんですが……。どうしても介護度の重い方から優先せざるを得ないという事情もあるものですから」

「あのう、毎月、生活支援サービス費として5万円をお支払いしていますよね。あれは、どのようなサービスに充てられるものなのでしょうか？」

娘さんは一気に核心を突こうと切り込んだ。

「ゴミ出し、買い物、部屋の掃除、電球の交換などは、どれも介護保険の家事援助契約があることが前提ですよね？　食事を部屋で食べたい場合は、食事介助……ですか？　だとしたら、生活支援サービス費の5万円というのは、私たちは何に対してお支払いしているのでしょうか？」

「はぁ。生活支援サービス費ですよねぇ。あれはですね、入居者のみなさんのいろんな相談に対応するということでですね……。あっ、あとは安否確認とかですね」

「以前、説明会の時に伺った話では、日常生活のさまざまな便宜を図っていただくことの対価として、みたいなことではありませんでしたっけ？」

「そうですね。それもあります。はい。あのう、ちょっと専門的なお話になるんですけどもね、うちのサ高住は、正式にはサービス付き高齢者向け住宅と言いましてね。ええっと、これは国で決められたアパートでですね、そのルールのなかで生活支援サービス費を取るようにということになってるものなんですね」

「はぁ？　国がおたくの会社に、生活支援サービス費を取るよう言っているんですか？」

「はい。それはもう間違いないです。どちらのアパートも取ってますから、はい。いや、あの、アパートというか、サ高住では、ですね」

「で、5万円？　家事援助や、食事介助などの介護に関するものは、おたくには介護保険の方から報酬が入るわけですよねぇ？　となると、別に生活支援サービス費と称しているものの中身としては、安否確認といろんな相談への対応、ということですか？」

「そうなりますですかねぇ、はい……。そうなります」

Aさんが気の毒に思えてきました。というか、やはり高齢者ホームの管理責任者であるならば、入居者や家族からの質問に応じられるだけの準備をしていてほしいものです。

99%の物件が介護度の高い入居者を想定

このケースでそもそも問題なのは、当該物件が、Sさんのようなほぼ自立状態の人が入るような物件ではなかったということです。

サ高住の7割は、介護系企業が運営しています。となれば必然的に、介護サービスをたくさん利用する要介護者を住まわせようとすることになります。わかりやすく言えば、Sさんのように軽度の入居者は儲からないからです。したがって、介護会社が運営する物件というのは、そもそも、アクティブシニア向けのものではないと考えるべきなのです。これは、医療機関が運営する物件も然り。一般企業が建てた物件であっても、実際の運営は介護事業者に委託していますから、結局は要介護者を住まわせたいと考えて当然です。

となると、ここでひとつ疑問が生じてきます。ならばなぜ入居者募集の段階で、入居対象を重篤な人に限定しないのか。たとえば、「要介護3以上」などと掲げればいいじゃないかと思われるかもしれません。しかし現実には、需要にたいする供給が過多のため、入居者を確保し、入居率を高めるために、間口を広げざるを得ないのです。

結果的に、「元気な人から寝たきりの人までのすべてに対応」と謳われることになります。それほど競争が厳しいわけです。逆に言えば、終のすみかは買い手市場。候補物件は腐る程あると考えていい。相手のペースに乗せられて、急《せ》いて事を仕損じる愚を犯さないことが大切なのです。

ところでつい先日、Sさんの娘さんからお礼の手紙をいただきました。娘夫婦がかなり細かいと思われたのか、問いただした内容すべてについて、物件側が対応してくれるようになったとのことで、たいへん喜んでいらっしゃいました。

しかし、これはあのサ高住を運営する企業としての対応ではない可能性が高いです。管理責任者が職員に、「Sさんの家族はうるさいから要注意」「できる限り、相談に乗ったり、便宜を図ったりするように」と伝達した結果と考えたほうがいいでしょう。つまり、Sさんにたいするサービスレベルの向上は、管理責任者であるAさん以下、職員個々の善意の総和でしかないということです。

［悲劇その4］　終のすみかと言いながら、老い支度にはノータッチ

続いての相談事例は、2014年の案件のなかでももっとも衝撃的だったケースです。以下は、

相談者の息子さんによる話です。

舞台は、関西のとあるサ高住。不動産管理会社が運営する同物件は、２０１２年の夏に開設となっていますから、国交省が「サービス付き高齢者向け住宅」を制度化（２０１１年10月）してすぐに設計施工に着手したことが窺えます。相談者の母親は開設早々に入居。丸２年と少しをそこで過ごした後、他界しています。もともと末期の大腸がんで入院していたのですが、病院でだけは最期を迎えたくないという本人の意向により、地元の民生委員にもサポートしてもらいつつ当該物件に行き着いたとのことでした。

家賃・共益費・食事あわせて９万円。他に生活支援サービス費２万円。合計、月額11万円也。その他のどの物件と比べてもダントツという、この安さが決め手であったと息子さんは言います。その代わり居室は狭く、ベッドとすぐそばにあるトイレとは、カーテン１枚で仕切られているような作りでしたが、ほぼ寝たきりの母親でしたから、さして問題にしませんでした。

管理人から、全18居室のうち15室に寝たきりの人が入居しているとの説明を受けたことも、逆に安心した要因だったと息子さんは言っています。

葬儀費用のボッタクリ

問題は、母親が亡くなった際に起きました。訪問看護師が部屋を訪ねたところ、すでに息を引き取っていたと連絡が入った時は、「来る時が来たか」というのが率直な気持ちだったそうです。ただ、運悪く家族旅行中であったため、葬儀社の手配などの段取りをどうしようかという問題が浮上してきました。

管理人と連絡を取ると、「いつも入居者に紹介している近場の葬儀社でよければ段取りをつけておきますよ」と言われ、息子さんは、正直、「助かった」と思いました。翌々日に帰る旨を伝えると、管理人は快く「じゃあ、やっときますよ」と言ってくれました。

帰って葬儀場に行ってみると、小さな部屋に即席の祭壇セットが用意され、骨壷とロウソク、線香など一式が揃えられています。しばらくすると葬儀社の人間がやってきてこう言いました。

「この度はどうもご愁傷様でした。管理人様からの要請通り、すべて滞りなくおすませ致しました。お母様ですが、とても穏やかなお顔でらっしゃいましたよ」

続けて……。

「こんな時に何なのですが、今回は標準仕様の家族葬ではありますが、あまりにも急なお話だったのでいろいろと段取りに手間がかかりまして。でも、いつも管理人様には大変お世話になっております関係で、費用のほう、若干ではありますが勉強させていただいております。こちらになります」

そして、出てきた請求書が135万円。

「……」息子さん、絶句。管理人には、「50〜60万円くらいじゃないか」と聞かされていたからです。茶毘にふされた母親の前で食ってかかることも、金額交渉することもはばかられ、いったんは退散した息子さん。その足で管理人に事情を聞きに出向きました。

「ホント突然のことやったろ。死亡診断書もらうんも、火葬場押さえるんも、そら大変だったんよ。ま、葬儀屋さんとわしとでな、まぁ、暑いなか駆けずり回ったでぇ。ええっ、高かったって？　いや、特別料金でやってもろうとるはずやでぇ。ただ、急なことやったさかい、祭壇とか骨壷とかがちょっといいものしか空いとらんとか、そんなこと言うとったかもな。ま、任しとき。も1回電話してみてやるさかい。気ぃ落とさんといてやぁ」

10分ほどして、息子さんの携帯に管理人から連絡が入った。

「喜びやぁ〜。無理を承知で交渉したらな、ええ結果になりましたでぇ。事情を話したらな、今回に限って、120万円きっかりで行かしてもらいまひょ〜ってことやさかいな、分割でもええそうやから払ってやってぇな。頼んだで〜」

重度の要介護者が気をつけたい悪徳物件

いやあ、関西はすごい（関西にお住まいの読者のみなさん、ゴメンナサイ）と、話を聴きながら感動したほどです。ここまでいくと、じつにビューティフルなボッタクリ劇ですよね。

しかし、私的には、この面倒見のいい（？）管理人には見習うべき点が多いと思います。相談者の声を聴けば聞くほどに、丸抱えで何もかも一切合財を頼める相手、任せられる相手が求められていると感じます。仕事と家庭を抱えながら親の介護を続けてきた娘さん・息子さんとしては、命とお金にかかわることでないかぎり、終のすみか側が良かれと思うようにさばいてほしい。経験的に、これが10人中8人の本音です。

ただし、この管理人は99％、ペテン師でしょう。運営会社自体が、寝たきりの人たちを抱き込んで、訪問診療・訪問看護・訪問介護で丸儲けしている可能性が高い。実際の治療や介護はそこそこ（あるいは、ほとんど施さず）に、診療報酬と介護報酬だけは最大限に請求するわけです。入居者にはあらかじめ生活保護や限度額認定（所得に応じて、月々の自己負担に上限を設定できる行政手続）を申請させておくことで、入居者本人の自己負担は何ら変わらないため、なかなか表面化しにくい。摘発されてもされても、昔から根強く残っている悪しき裏ワザです。俗に、「拘束介護モデル」と言います。マンション3棟に重度の要介護者（要介護4と要介護5）約150人を収容。うち130人を医師の指示で、拘束具でベッドに固定したり、部屋から出ないように外から施錠したりしていた例もありました。

相談ケースに話を戻しましょう。おそらく、看取りから葬儀までの流れも同様で、葬儀社への仲介手数料は法外な金額をとっているにちがいありません。おそらく管理人と葬儀社の営業がそれぞれ30万円ほど着服しているのではないでしょうか。

どうしても確認しておきたい死亡時のこと

ただ、こうしたエンディングへの支援は、今後ますます必要になってくるはずです。

現時点で、葬儀も含めた老い支度に対応してくれる物件はまずありません。第5章でご紹介する覆面調査においても、「たとえば、最期に世話になるお寺さんや葬儀屋さんを仲介してもらうようなことは可能でしょうか」という質問に対して、高確率でノーなのです。入居相談会や見学会では図々しくも「最後のさいごまで安心」と言い放ち、5万円から6万円もの生活支援サービス費を毎月徴収しておきながら、です。

先述の【悲劇その3】に登場いただいたSさんの娘さんのケースでも、管理責任者との間でこんなやりとりがあったそうです。

娘さんは、近い未来に訪れるであろう父親の最期のことが気になって、見舞い時に管理責任者をつかまえて聞いてみました。

「万一の時のために、あらかじめ葬儀社の目星をつけておきたい。周辺の葬儀社で良心的なところを紹介してもらえないか？　また、もしも私がすぐにこられない場合は、あらかじめ決めておいた葬儀社での段取りや立会いをお願いできないか？「終のすみか」と謳っているわけだから、それなりの対応はしていただけると考えていてもいいですよねぇ？」

ところが、管理責任者いわく。

「たまたま近くにある葬儀社の社名とか連絡先はお教えできますが、費用や実際の段取りとかはこちらでは対応しかねるんですよね。そのあたりはやはりご家族でないと……」

続けて。

「こちらで亡くなられた場合でも、ご遺体はいったん病院に運ばれます。娘さんがすぐにお越しいただけない場合には、そこまでは何とか対応いたしますが、それ以上のことは……。どちらでも同じだと思いますけどねぇ」

と、まぁ、こんな調子。ひどい話です。

終のすみかに求められるエンディング支援

入居者が日常的に困ったことが起きた時、緊急を要する万一の時、まったく頼れない。当該施設のサービス範囲とサービスレベル、管理責任者を名乗る職員の意識レベルと高齢者援助の専門スキル、すべてがあまりにも低い。とにかく何を尋ねても、「できません」「わかりません」「本部に確認します」のオンパレード。こういう管理責任者（生活支援窓口）が本当に多いのです。

入居説明会や施設見学会の場では、「最後のさいごまで過ごしていただく場所として、暮らし全般の相談にきめ細かく対応します」というビューティフルな話を頻繁に耳にします。が、実際のところはエンディングのサポートはいっさい行わないという物件がほとんどなのだから、呆れてしまいます。

はっきり言いましょう。葬儀に係る相談や具体的な対応を完全拒否するのであれば、終のすみかとは言えません。こういうのを羊頭狗肉《ようとうくにく》というのです。

はじめの一歩を踏み外すな

ここに取り上げた4つの残念なエピソードを総括してみたいと思います。

これらの悲劇は決して他人事ではありません。多くのサ高住で、多くの入居者や家族が同じ目にあっていいます。日常茶飯事と言ってもいい。しかし、いったん入居してしまったら、多くの場合は泣き寝入り。入居者が我慢するしかないのが現実です。

だからこそ、入る前が肝心なのです。ご紹介した悲劇の本質的な原因。それは、入居相談会や現地見学会で繰り返される、抽象的な美辞麗句を鵜呑みにしてしまったことなのです。人生最後の大きな買い物です。決して受け身ではなく、確固たる当事者意識を持って主体的に向き合わなければなりません。とくに、お子さんがいなかったり、遠方に住んでいたりという場合には、入居するご本人自身の確固たる意識と覚悟が必要です。

だから……。入居した場合の1日を、朝から晩まで具体的に思い描くのです。自分にはどんな場面でどんな支援があれば円滑に暮らしていけるのか。それに対応してくれるのか、対応してくれないのか。「安否確認」って、具体的に誰が何をどうしてくれるのか。「生活相談」って、具体的に誰が何をどうしてくれるのか。「生活の便宜を図る」って、具体的に誰が何をどうしてくれるのか。結局のところ、「生活支援サービス費」では何がカバーされているのか。月額5万円とか6万円とかを毎月支払うことの必要性を心の底から納得できるのか。

自分が本当にサポートしてほしいことを具体的に洗い出して、ピンポイントで質問をぶつけるのです。「これこれに対応してもらえますか？」と。

これが高齢者ホーム探しで失敗しないための「はじめの一歩」です。これが抜け落ちてしまうと、結果的に「こんなはずじゃなかった……」という残念な結果になってしまうリスクが高いと思います。ご紹介したエピソードにはさまざまな要因が絡み合ってはいますが、最大の失敗原因はここにあると思います。

いま、終のすみかと称されるさまざまな高齢者ホームは、これまで接点のなかった人たちが探すにはあまりにも複雑で、なかなか容易には整理・理解することができない世界です。とりわけ後期高齢者ともなれば、納得のいく結果を得るのは正直言ってむずかしい。となると、やはり、老親だけではなく、娘さん・息子さんがサポートして差しあげながら、親子で取り組むのが高齢者ホーム探しの理想形だと思います。もし、高齢者自身が自分ひとりで動かなければならない場合には、しっかりと情報武装をして臨む必要があるでしょう。

とくに最近は供給過剰気味ということもあり、入居者確保に躍起になる事業者側と、運悪く要介護状態に陥ってしまった入居者やその家族との間で、ボタンの掛け違いのようなことが多々起こっています。事業者側も決してダマそうなどという悪意はないのかもしれませんが、どうも入居者側が後の祭りを嘆く結果になることが多いようです。そして残念なことに、ほとんどの場合、入居者側が泣き寝入りするしかない……。これが実情です。

月々の支払可能額10万円から30万円の方々へ

さて、第2章に進んでいただく前に、ひとつお断りしておきたいことがあります。この本では、「かなりの資産があって、月々30万円以上の支払いが可能」というケースと、逆に「経済的にひっ迫していて、月々10万円の支払いも厳しい」というケースには触れないことにしました。

前者は、健康状態いかんにかかわらず、ライフスタイルに照らし合わせながらいくらでも希望に合った納得のいく物件を探すことができます。都市部に増えているゴージャスな物件をも視野に入れることができるでしょう。

後者は、民間企業が経営する有料老人ホームやサ高住については予算的にむずかしいと思います。やはり公的施設を選ばざるを得ません。自立度が高ければ行政措置のひとつである養護老人ホームや社会福祉法人などが手がける軽費老人ホーム、介護度が高ければ特別養護老人ホームやケアハウスが実際的な選択肢となるでしょう。ただし、空きがない場合は、自宅療養（訪問診療・訪問看護・訪問介護）や入院（療養病床、老人保健施設）をしながら待機することになります。

つまり、予算がふんだんにあるのであれば、終のすみか探しはどうにでもなるし、逆に予算が少ないのであれば、おのずと終のすみかは限定されてきてしまうということです（第3章参照）。

最も多い所得層は、月々の支払可能額10万円から30万円、健康状態でいうと「身の回りのことはどうにか自分でできるけれど、配偶者に先立たれ、子ども世帯とも離れて、漠然とではあるが老い先への不安を抱えながら暮らしている……。ほとんど自立で、現時点ではさほど介護を必要とするまでには至っていない」、こんなイメージの方々になります。

じつに整理がむずかしくわかりづらい高齢者ホームの世界ゆえ、話を拡散させないためにも、本書は、この層に焦点を当てて話を進めていきたいと思います。

じつは、終のすみか探しでもっとも大変なのがこの階層なのです。結論から言えば、実際的な選択肢は供給量のもっとも多いサ高住がメイン、加えて廉価版の介護付き有料老人ホームも候補になりうるでしょう。詳しいことは第3章以降にしっかりと書きました。なお、本書ではサービス付き高齢者向け住宅と介護付き有料老人ホーム両方の総称として、「高齢者ホーム」という言い方も使っています。

ということで、本書ではサ高住を中心に、失敗しないための高齢者ホーム探しの具体的方法論を書いていきます。介護付き有料老人ホームについては、必要に応じて解説を加えるにとどめますので、あらかじめご了承ください。

サクセスストーリー

さて第1章の最後は、お口直しに、少し明るいエピソードをご紹介したいと思います。数としては少ないですが、満足度の高いケースもあるにはあるのです。ここまでにご紹介した4つの悲劇と比べてどこがちがったのか。そんな視点で読んでいただければと思います。

〔成功事例〕 志定まれば気盛んなり

私どもの発足当初からの会員女性のケースを紹介します。入居するご本人がすべてを決めた例です。

85歳の時に、「かねてより計画していたことを実行したいので助けてほしい」と相談がありました。その時点で、夫はすでに他界、ひとり息子も県外に世帯を構えており、戸建にひとり暮らしという状況です。教会と保育園を40年間切り盛りしてきただけに頭脳明晰で話しぶりもしっかりしています。80歳の時に膝に人工関節を入れており、杖を手放せない状態。足腰の衰えに加え、家屋の老朽化、一軒家の維持管理の手間もあり、最後の生活場所への転居を検討……という流れでした。

満点を求めない覚悟

初めから彼女の話は理路整然としていました。

「遅くとも次の冬を迎えるまでに（相談を受けたのは6月）、高齢者向けの住まいに移りたい。希望エリアは県内の市街地。予算は月額25万円まで。あと15年生きるとすれば、死ぬまでのコストは4500万円。年金以外に2500万円が必要になってくる。貯金が1500万円あるから、残り1000万円を捻出しなければならない。今の家を処分してなんとかならないか」

土地および家屋の評価額を考えるとギリギリ間に合うかどうかという線。さすが賢い女性だけに、事前に相場を調べていたのかと思えるくらいの希望額でした。さっそく、中古住宅販売会社に当たりつつ、県内の物件探しに取り掛かりました。

息子さんには、相談者のほうから基本的な方向性と今後の流れについて、必ず伝えてくれるよう依頼しました。息子さんの立場になれば、相続すべきはずの実家が売却される話です。きっちりと仁義を通しておかないと後が怖い。そういうものです。

さて、相談者が素晴らしかったのは、終のすみかに求める3大条件が明確だったこと。「居室面積25㎡以上」「窓から緑が見える」「日常的な買い物を週1回頼める」がそれです。ここまで具体的に提示してくる相談者はまずいません。相談を受けるほうとすれば、こんなに助かることはありません。物件探しがじつにスムーズになります。この点については、彼女が私どものNPO立ち上げ当初からの会員で、早いうちから老後にたいする当事者意識が定着していたことも大きいかもしれません。相談者いわく、

「贅沢言ったらキリがないけど、絶対に譲れない条件を考えに考えたらこの3つなのよね。世の中、満願成就なんてあり得ないものね」

まさにその通りで、多くの相談者は満点を求めてしまうがゆえに後悔する場合が多いのです。そうではなくて、60点から70点でいいんだという割り切りができるかどうか。ただし、絶対に譲れない条件はこれだ、という強い意思があればリスクはかなり減るものです。

地理的・予算的観点から候補物件を4つ（サ高住と有料老人ホーム、各2件）にしぼり、順次、相談者と連れ立って見学に出向きました。

その物件に入った時に五感で感じる印象はとても重要です。元気なうちから、あちらこちらを見学して回るくらいの真剣さがほしいと思います。実際に、即入居可の部屋に入ってみる。窓か

らの景色を眺めてみる。緊急連絡用のボタンを押してみる。トイレの便座に座ってみる。階下の食堂まで歩いてみる。すれちがう職員や入居者に声をかけてみる……。こうやって、自分がそこで暮らしている姿を具体的にイメージしてみるのです。

持ち家の販売のほうは、思いの外、早く買い手がつきました。地元の買取り業者が、家屋はともかく、日当たりのいい角地を評価して買いに走ったのです。ただし、家屋の取り壊しや残置処理（本来は住人が処分すべき不用品やゴミ類を専門業者に代行してもらうこと）にかかるコストを差し引かれたため、1200万円の値がついたものの、最終売価は945万円。相談者いわく、「2週間と経たずに売れるなんて信じられない。その金額でも御の字よ」とのことだったので即、契約。手付金200万円を受け取り、1ヶ月後の引渡し時に残りの額を振り込んでもらうことになりました。

一方の入居物件探し。2日間かけて4物件を廻ったのですが、相談者の頭のなかではいとも簡単にランキングが決定したようでした。彼女がビビッときたという有料老人ホームの決め手。それは窓から眺めた景色でした。「初夏の日差しにそよぐ緑に天の声を聞いた」。カトリック教会の神父夫人だった彼女らしい言葉だと思います。あとは当該物件の現場責任者に具体的な話をぶつけ、言質を取るだけです。

譲れない点をしっかりと要望する勇気

ポイントは、日常的な買い物代行。足腰に不安を抱える相談者としては、かさばるものを持って歩くストレスが嫌でした。当該物件から徒歩10分の場所に、地元のスーパーがあり、タクシーでワンメーターも行けば大型量販店もコンビニもあります。それでも彼女は重たいものを持ち歩くことを断固拒否しました。決して妥協はしませんでした。

買い物代行といった作業は、本来的には、介護サービスを利用するなかで、ケアプランという計画書のなかに盛り込まれていてこそ受けられるサービスです。が、相談者は要介護認定を受けていないため、介護保険という枠のなかでサービスを利用することができません。だから、現場トップとの折衝がいるわけです。

はたして、はじめはダスキンがやっている家事代行サービスを紹介してきました。でもこれだと1回2時間の契約で6000円の出費となってしまいます。週1回頼むと月に2万4000円から3万円。これは痛いと、彼女は言いました。

「職員が何かの買い出しに出るついでの時で構わない。時間の余裕ができた時で構わない。トイレットペーパーやティッシュペーパー、たまに缶ビールくらいのもので、こちらも無理難題を言わないよう配慮するから」

相手がちょっと困ったような顔をしていたので追い討ちをかけてみます。

「施設や集合住宅単位で生協と契約していたり、地元のスーパーや雑貨屋に宅配をお願いしたり、いろいろ工夫している物件も増えてきてますよね。そんなサービスがあったら、他の入居者やご家族も喜ばれるんじゃないですか」

言ってみるものです。事業所長は「とりあえずお受けしましょう。やってみて、仮にこちらの負担が想像以上に重かったという場合には、また相談させてください」と承諾してくれたのです。それだけでなく、今では10名前後の入居者が生協と契約して、日用雑貨品や食品を届けてもらっているとのこと。

こういう現場責任者がいる物件はすばらしい。レアケースです。入居者視点の発想ができる。融通が利くし、フットワークが軽い。こんな人材が、福祉の世界にもっともっと入ってきてほしいものだとつくづく思います。

また契約前には、相談者同席のもと、息子さんとも面談しました。その結果、契約の際には息子さん夫婦も同行してくれることになりました。後日、相談者から聞いた話では、どうやら息子さん夫婦が転居祝いとしてまとまったお金を出してくれるとのこと。これもまた、サクセスストーリーに華を添えてくれるというものです。

あらためて思うのは、このケースでは、望ましい要因が複合的に整っていたということです。まずは、最初の段階から入居する側に明確な理想が描けていたこと。次に、それをしっかりと施設側に要望し、言質を取ったこと。そして、センスとスキルのある現場責任者に出会えたこと。さらに、たしかな予算的な裏づけがあったこと。これらが重なって良い結果がもたらされたと言えるでしょう。手前味噌になりますが、気軽になんでも相談できた私どもの存在も、多少のお役には立てたかもしれません。

「連携」より、本当に必要なのは「統合」（相談窓口の一本化）

多くの高齢者が口にする自治体の面倒くささは、縦割り行政と称される融通のきかなさにある。

長いこと、病医院や高齢者ホームでも「多職種連携」と言われてきた。さまざまな専門職がそれぞれの役割を担って、効率が良く品質の高いトータルなサービスを追求しましょう、ということだ。

とはいえ実際には、「連携」ではなく単なるバラバラな分業にすぎないことが多い。高齢者にしてみれば、あちこちと個別折衝しなければならず、なんとも面倒くさい。

身の回りのことはどうにか自分でできる。そんなアクティブシニアが住まう高齢者ホームには、ソーシャルワークのできるコンシェルジュのような存在が求められている。

ひとことで言えば、その人に頼めば何であれどうにかしてくれる人だ。地域ネットワークをふだんから構築維持し、その連携網を適宜駆使しながら、入居者の日常生活を支え、また、緊急時にも最善を尽くす。さらには、円滑なエンディングに向けた老い支

◆ **終のすみかに求められる相談窓口のイメージ**
毎日が安心　万一も安心

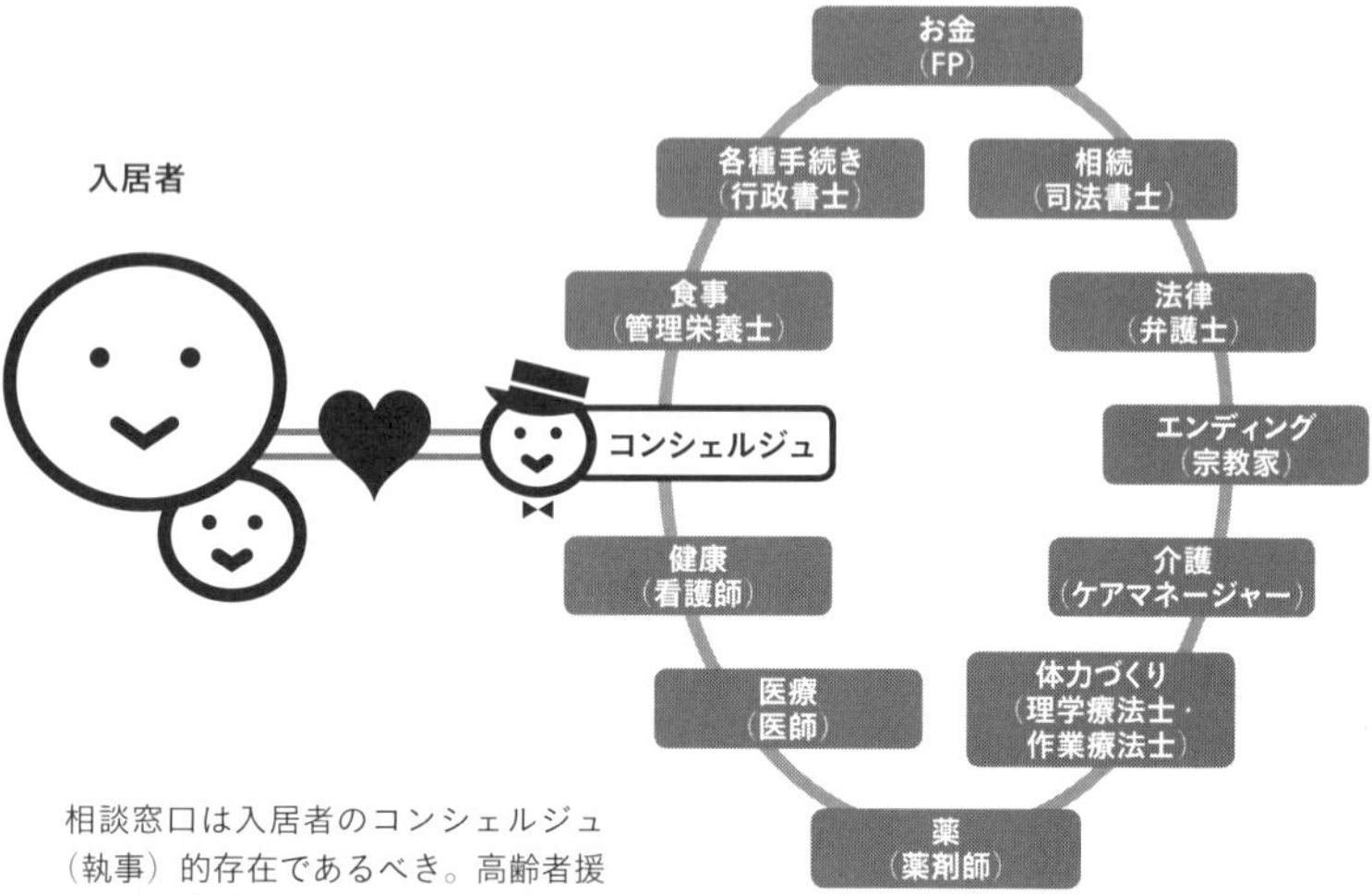

相談窓口は入居者のコンシェルジュ（執事）的存在であるべき。高齢者援助の専門技術を身内のような愛に包んで、健やかで幸せな老後をトータルに支援することが求められる。

度全般にも対応する……。

そんな、ワンランク上の相談のプロフェッショナルが居てくれればこそ、安心かつ快適な日々を過ごせるのだと思う。それが機能しなければ、多職種連携など、船頭多くして船山にのぼるだけだ。

ところが現実は……。巷の既存物件を見る限り、残念ながらこれを満たしてくれるところはほとんどないのが実情だ（第5章参照）。

第2章

STEP1

親子間の距離をちぢめる

4つのCと8つのQ

第1章では、高齢者ホーム探しにまつわるエピソードをご紹介しました。もしかしたら、「なんか、面倒くさそうだなぁ」と、ネガティブな気持ちになってしまった方もいるかもしれません。でも、やっかいそうな問題だからこそ、読者のみなさんには情報武装してほしいのです。お母さん・お父さんのためにも、ご自身のためにも。

私自身、過去の相談事例を振り返ってみて思うことが2つあります。ひとつは、高齢者ホーム探しというのは、親にとっては「どう死ぬのか」という死に方の問題だということ。そしてもうひとつが、子にとっては「親にどう死んでほしいのか」という親子関係の問題だということです。

第2章から第4章までは、高齢者ホーム探しで失敗しないための具体的な方法についてお話ししていきます。この章では、自分自身や、家族との関係を見つめなおすことがテーマとなります。自分のエンディングにたいするほんとうの気持ちはどうなのか。お子さん世代のみなさんはそれを理解・共有しているのか。通常はあまり積極的には考えたくない「死」というテーマについて、本音のコミュニケーションを重ねることで、ふだんは意識せずに過ごしてきた、お互いを想う心情を再認識できると思います。ご両親の人生を親子でともに振り返りながら、親子間の心理的距離をちぢめる作業と言ってもいいでしょう。このプロセスがあってこそ、親子で協力し合いながら、理想の終のすみかを探すことが可能になるのです。

あわせて、今日までの自分自身を振り返りながら、これからの自分のあり方を理解することが目的です。自分はどのような道をたどって現在に至ったのか。誰のために役立ったのか。誰に助けてもらったのか。はたして自分は何者で、これからどこに行くのか。ふだんは忙しさにかまけて見過ごしてきたことをじっくりと自問自答する行為を、内省といいます。これは、過去の自分とこれからあるべき自分との距離をちぢめる作業でもあります。このプロセスがあってこそ、真に自分らしく住まうことのできる理想の終のすみかを探すことが可能になるのです。

終活――それは死生観の共有

「終活」なる言葉が定着してかなりの月日が経ちました。人生の終わりをより良いものにするための準備作業という解釈が一般的かと思います。

私どもでは、病医院や公民館でシニア向けにさまざまなイベントを開催していますが、終活絡みのネタの時は集客に困りません。それほど旬なテーマなのでしょう。

ですが、これは決して、単に人生の終わりをより良いものにするための準備作業などというものではありません。エンディングに向けてどんなに明確なプランを持っていたとしても、本人だけで実行することは不可能なのが終活の問題です。もしも親のプランを子が共有していなかったとしたら、もしも自身のプランを他の誰ひとりとして知らなかったとしたら、いざその時になって周囲は多大な影響を被ることになります。

また、「終活？　そんなもん、どうにかなるさ」と冗談交じりにつぶやく人も少なくありません。本音はそうかもしれませんが、それでもやはり、早め早めに考えておくべきだというのが私どものスタンスです。

理由は、いくら本人は「ケセラセラ」と言おうが、本人が備えておいてくれないと、いざその段になって、お子さんたちをはじめ、周囲に迷惑や面倒がかかるからです。

もうひとつ、親子関係に言及するならば、子ども側は、親の意向を共有し、その実現をサポートすることで親の生き様（死に様）を心に刻み込むことができるはずです。だから親の終活というのは、なぜこの子が自分たちの家に生まれてきたのか、なぜ自分がこの親の子として生まれてきたのか、こうした根源的なことを見つめる共同作業であるべきです。読者のみなさんがお子さん世代だったとしたら、お母さん・お父さんと親子であることは決して何かのはずみでそうなったわけではありません。そこには何かしらの決定的な意味があるはずです。この答えを見つけるプロセスが終活に他ならないと、私には思えてなりません。

この考えは、この8年間のNPO法人「二十四の瞳」の活動を通じて、私の信念になりました。良好な親子関係がある場合、富の多寡《たか》にかかわらず、不思議と最期の顔つきが穏やかです。たとえそれまでの親子関係が疎遠だったり、いびつだったりしたとしても、終のすみかや相続や葬儀のことについて親子間でしっかりと話ができた場合、やはり死に顔は穏やかです。

だから、もしも読者のみなさんのなかに、親と子の間が不本意な関係になっている方々がいたとしたら、ぜひとも、終活の一大テーマである高齢者ホーム探しをきっかけに、両者がともに歩み寄って関係修復にトライしてみてほしいのです。子どもは、わかっていたようでわかっていなかった自分の親の価値観に触れることで、きっと新しい気づきがあるはずです。どうしてあなたがあなたであるのかが、たとえおぼろげではあってもわかってくると思います。

こうしたことを踏まえて、終活の全体像を俯瞰していただきながら、親子関係をより良い方向にもっていくための方法論についてご紹介したいと思います。これは、親子関係の改善だけでなく、子どもがいてもいなくても、本当の意味で自分らしい最期を実現するための準備作業となるはずです。

円滑な老後をはばむ４つの壁

命あるものであれば必ず通る道というのがあります。仏教でいうなら生老病死。それらは決して本人の思い通りにはならないものです。しかも突然やってきます。だから「四苦」と言います。でも本人が倒れて意識不明になったり、障害が出て意思表示ができなくなったりした場合に、親の意向が娘さん・息子さんに伝わっていなかったとしたら、家族は困ってしまいますよね。子ども世帯にだって諸事情があって忙しいですから、ある日突然、一方的に任せられたって、「はい、そうですか」とばかりにサササッと処理できるような単純な問題ではありません。それが「四苦」問題の特性です。

私どもが、シニア世帯を対象に提供しているコマホ（お困りごとホットライン。24時間365日・年中無休）で、延べ1万件超の相談を受けてきて実感したことは、まさに老いる世間は鬼ばかり、そして、円滑な老後をはばむ4つの高い壁があるということです。

私どもではこれを4つのCと称しています。

① Ｃｕｒｅ……医療との接し方の問題

②Care……介護と終のすみかの問題
③Cash……エンディングに向けたお金と親子関係の問題
④Ceremony……葬儀の問題

4つのCに共通するのは、そもそもあまり積極的に考えたくないテーマであることに加え、専門性が高そうでとっつきにくいところです。だから、ついつい先送りしてしまいがちで、いざその時になって右往左往しているうちに、たまたま現れた専門家もどきにいいようにされてしまうということです。結果として、「こんなはずじゃなかった」と地団駄を踏むことになったシニアをたくさん見てきました。

やはり、元気なうちから自分の立場や方針を決めて備えておくことこそが、幸せな老後の条件だとつくづく思います。逆に、その重要なはじめの一歩が抜け落ちてしまうことで、幸せな老後が一転、辛い老後となってしまうわけです。

ほら、4つのC（シー）を合わせれば「幸（しーあわせ）」ですが、第一画目をとっぱらってしまうと「辛」という字になるでしょ。終活においても、真っ先に検討しなければならないテーマが、じつはこの4つのCだと思っています。

「エンディング・アセスメント」とは

私どもでは、老い支度に熱心な会員の方々に、「エンディング・アセスメント」というプログラムを課題として考えていただいています。左頁の図の「終活曼荼羅」は、4つのCをさらに噛みくだいて、人生の最後を迎えるまでに誰もが必ず通らなければならない8つの検討課題に細分化したものです。

それぞれの課題にたいして、本当はどうしたいのか、どうありたいのか、ご自分の本心をじっくりと考えていただき、それを言葉にしてそれぞれの枠内に記入してもらうのです。

みなさん、「ああでもない、こうでもない」と頭をひねっておられて、なかなかペンを握る手が動きません（笑）。

やはりご高齢な場合には、ご本人だけでは時間がかかってしまいます。娘さん・息子さんがうまくリードしながらお母さん・お父さんの本当の気持ちを引き出してあげるのが理想的です。この共同作業が、親子関係をみつめなおしたり、修復したりするのにとっても有効だということもわかってきました。

エンディング・アセスメントは、具体的な終活に着手する前段階で行われるべきものです。たとえば、終のすみかとしての高齢者ホーム探し。たまたま目に入った新聞広告の物件をやみくもに訪ねたのでは良い結果にはなりません。

まずは作戦を立てることです。あらかじめ、終のすみかについての基本方針を固めておきましょう（第3章・第4章参照）。

「終活曼荼羅」の8つの窓を埋めていく作業は、自分自身の人生を振り返る作業であり、子どもにとってはお父さん・お母さんの人生を知る作業です。自らの人生をどう見るのか。今の自分が何を求めているのか。それらがこれまでの人生のどんな経緯や体験から生じてきたのか。こうしたことを親も子も正しく理解したり共有したりすることが目的です。

これを経ればこそ、高齢者ホーム探しをはじめとする終活の個々の課題にたいして、本当の意味で親子で協働することが可能になるのだと思います。絶対にブレることのない基本スタンスが固まるのです。読者のみなさんにも、ぜひ一度試していただきたいと思います。

◆ **終活曼荼羅**

葬儀	医療との接し方	がんの告知・手術
子どもの役割	**死生観**	延命治療
資産継承	終のすみか	認知症

次の8Qについて、強く要望すること、絶対に譲れないことを言葉にしていきましょう。

Q1　持病（生活習慣病）にたいする基本的な考え方
　常用している薬はどれくらいありますか？
その薬を飲み続けて症状に改善はみられましたか？
新たに他の症状が出てきたりしていませんか？
主治医との相性はどうですか？
生活習慣病を根治するための方法について教えてもらいましたか？
自分の健康を維持するために、何か工夫していることはありますか？

Q2　日本人の死因トップ「がん」にたいする基本的な考え方
がんだとわかった時、告知してほしいですか？
医者が摘出手術を勧めてきた時、どうしますか？
がんの3大治療の危険性を知っていますか？

Q3　（胃ろう造設も含めた）延命治療にたいする基本的な考え方
　自分の口で食事が摂れなくなった時、胃に穴を開けて栄養を取りたいですか？

意識がなくなっても、人工的な呼吸補助を受けるなどの延命治療を希望しますか？

Q4 認知症にたいする基本的な考え方

家族や近所に迷惑が及ぶような認知症の症状が出た時、家族に望むことは何ですか？

Q5 終のすみか（死に場所）にたいする基本的な考え方

介護が必要になった時、どこで療養生活を続けたいですか？

人生の最後は、どこの街でどのような毎日を過ごしたいですか？

そのための予算は月々いくら用意がありますか？

Q6 エンディングにたいする基本的な考え方

最期を迎えるまでに、誰にどの程度の支援を期待しますか？

Q7 資産分割（相続）にたいする基本的な考え方

資産の全容について棚卸をどうしますか？

資産継承の青写真はどのように考えていますか？

遺言状の準備をどうしますか？

負の資産を隠しているようなことはありませんか？

家族が知らない相続対象者がいるようなことはありませんか？

最期を迎えるまで支援してくれる相手にたいして、どの程度の資産を残すことを想定していますか？

Q8 葬儀にたいする基本的な考え方
葬儀にかかる費用は誰が負担することを想定していますか？
ご自身が費用負担する場合、予算はおいくらくらいですか？

老老地獄に思うこと

老老地獄という言葉があります。年老いた家族間の悲惨で憂うつな事件のきっかけは、そのほとんどが4Cと絡んでいます。老親側が子どもにギブするものを明かさずに、ビジョンもないままやっかいなエンディングへのサポートだけをテイクしようとした時、早い話が、「お金の話は抜きで、面倒だけ見ろっていうのか！」と子ども側が感じた時、悲しい結末が忍び寄ってくるのではないでしょうか。

地球上で、子どもに老後の面倒をかけるなんていうのは人間だけです。そもそも子どもを作ったのも親の勝手。「失われた20年」以降、今の時代は子ども世帯だって自分たちのことで手一杯のはず。だから、いつか読者のみなさんが自分自身の老後を迎えた時には、死に際くらいは子どもに面倒をかけずに、凛とした態度で臨んでほしい。そんなクールな老後を送ってほしいと思います。

たとえ万が一不測の事態になっても、残された家族が思い悩むことがないように、4C8Qについては、元気なうちから考え、言語化し、然るべき関係の人に伝えておくべきです。まずはテーブルに着きましょう。早いに越したことはありません。アタマがしっかりしているうちにこうした機会を持っておかないと、後々やっかいなことになります。

子どもも自分の親について4C8Qを共有しておかないと、ひとりっ子ならまだしも、兄弟姉妹がいて、さらに配偶者までが四の五の言い出すと、本当に収拾がつかなくなります。たった数十万円のことで、親子や身内の縁を切るだのといった展開になってしまったりする。お金は人を天使にも悪魔にも変えてしまうのですね。そんなケースをたくさん見てきました。

子が親の面倒を見るのは当たり前か

親子の問題について触れておきます。私どもの会員にも、お金を最後のさいごまで抱え込んでおこうとする人がいます。また、「生んで育ててやったんだから、子どもたちが親の面倒を見るのは当たり前」と言い放つ人もいます。

でも私は、それは親の側のおごりではないかと考えるようになりました。勝手に産んだのは親のほうなのですから、むしろ親のほうにこそ子どもを育てる義務があったのではないでしょうか。あげく、お金の話を抜きにして介護まで頼もうというのは、子ども側がちょっと気の毒です。老親はいつまでもお金に執着せず、分け与えることになる資産について開陳した上で、エンディングに向けた支援を真摯に依頼すべきだと思います。そうすれば肩の荷も下りるし、子どもたちとの心理的距離もちぢまるというものです。

子ども側は、親の感情をうまくコントロールしながら、疎遠になった親子関係を構築しなおすよう意識したいものです。ほとんどコミュニケーションがないままに親が倒れたり逝ってしまったりしたら、その後大変な思いをするのは子どものほうなのですからね。いざその時になって慌てふためくことがないように、親をうまく納得させて、

「一度、これから先のことを話し合って共有しておいたほうがいいと思うんだ。まずは、おやじ、おふくろの考えを聴かせてもらえないかな」

と歩み寄ってあげてほしい。きっと近い未来、自分が高齢者になった時のリハーサルにもなるでしょう。引き継ぐべき資産についても明らかになる。そうなれば、自分を生み育ててくれた親を支える覚悟も決まる。親子とはそういうものではないでしょうか。

最後まで良好な親子関係を維持するために

しかし、ここまで書いてきて、ちょっと不安がよぎります。読者のみなさんの、「いやあ、うちの親には、この4C8Qはちょっとハードルが高いなぁ」とか、「いきなりこんな話を投げかけても、ちょっとむずかしいんじゃないかしら」とか、「残念ながら、ウチは気安く対話ができるような関係じゃないのよねぇ」とかいう声が聞こえてくるからです。そんなみなさんにとっても有効な手法があるので、ちょっとだけ補足しておきますね。

秘伝！　ホットアイス・リラクゼーション

私どもが「エンディング・アセスメント」の前段階として行っている、親子の対話を活発化させるためのウォーミングアップがそれです。「ホットアイス・リラクゼーション」と称しています。

まずは握りこぶしを作ります。これは氷のように固く冷たく、閉ざされた心を表わしています。

次に、過去の出来事を振り返りながら、自分を今日まで支えてくれたのは誰だったのか、記憶をたどっていきます。そして、親指から小指まで、感謝すべき相手を5人決めてもらいます。

続いて、ひとりにつき一本ずつ指を放していき、その指に向かって具体的に感謝の言葉を伝えてもらうのです。その過程で、多くの人が涙を流すことになります。

これはなかなか心を開こうとしない相談者に用いるヒアリング手法のひとつです。深謝の涙（熱い想い）によって、氷が少しずつ溶けていく様子をイメージしてネーミングしました。きわめて簡単な手法ではありますが、その効果は絶大です。これを行っていただいた時点で、ともすれば照れが生じてしまいがちな親子間のまどろっこしい関係は確実に潤い、信頼関係の再構築に向けて動き出すはずです。

いわゆる老老地獄を回避するためにも、じつに有効な手法ですから、正月でもいいし、母の日・父の日でもいいし、誕生日でもいい。娘さん・息子さんのほうからお母さん・お父さんにこんなふうにアプローチしてみてほしいと心から思っています。

たとえお子さんとでなくても、まずは自問自答してみてください。質問する自分と、こころのなかの本当の自分のひとり二役でお願いします。

以下に、具体的な流れをご紹介します。まずは子どもからの切り出し方から。

「今日はね、お母さん（お父さん）のこれまでの人生についてね、少しだけ話を聴かせてほしいの。私たちを産んで育ててくれたお母さん（お父さん）が、どんな人生を生きてきたのか。いま何を想っているのか。これから先をどう生きていきたいのか。子どもの立場として、ぜひ知っておきたいなって思うんだ」

実際に試してみた人たちの話では、ほとんどの老親が「急にどうしたんだい？」と、ちょっと怪訝《けげん》そうなリアクションを返してきます。でも、お子さん側の、心から母親または父親の生き様を知っておきたいのだという意思が伝われば、若干照れながらも、きっと正面から対話に応じてくれるはずです。

お互いの対話姿勢が整ったところで、こう言いましょう。

「じゃあ、どちらでもいいから掌を出して。握りこぶしを作って。そう。でね、お母さん（お父さん）のこれまでの人生を振り返りながらよぉく考えてほしいんだ。

お母さん（お父さん）が心から感謝してる人を5人。親指から順番にね、感謝してる順に挙げていってみてくれる？」

多くの場合は、自分の「母親」が挙げられるわけですが、肝心なのは、なぜ（その人に）感謝をしているのかについて、具体的に詳細に話をしてもらうことです。

さらに、「今その人に会うことができたとしたら、その感謝の気持ちをどのような言葉で伝える？　ちょっと実際にやってみてほしいんだ」と頼んでみます。これを親指から小指まで、5人、続けていくのです。

たったこれだけです。

これがエンディング・アセスメントのはじめの一歩です。9割の確率で親側は涙します。8割の確率で子ども側も涙します。というのも、かなりの確率で、5人のうちのひとりとして、あなた（娘さん・息子さん）の名前が登場するからです。孫も入れて3世代でこれをやった人がいるのですが、小学校5年生のお嬢さんがわんわん泣き出して、おばあちゃん（老親）に抱きついたほどです。

親子関係や過去の自分の垢を落とす涙の効用

アリストテレスは、悲劇を通して流した涙で人間の精神が浄化されると言っています。観客は悲劇の登場人物に自分自身を投影し、嘆き、悔やみ、涙することでネガティブな感情から解放されていくと。ホットアイス・リラクゼーションの本質もまったく同じです。

子どもからの質問を受けて、親は自らの人生を回顧する。その過程で、自分を支えてくれた人たちやその時の状況をカラーで動画でイメージしながら、感謝の気持ちを自らの言葉で語る。

そうすることで、心に闇を抱えている場合には一筋の光が差し込み、そうでない場合であっても、これまでの人生の価値と老い先への凛とした覚悟を実感できる。そして、その貴重な思いを引き出してくれて、ともに涙してくれている子どもに対して、あらためて全幅の信頼を認識するようになるのです。

子どもは親の人生に触れることで、親から命を授かったことの意味を深く考えるきっかけを得るはずです。こうした密度の濃い時間を共有することで、エンディング・アセスメント（4C8Q）に取りかかる態勢が双方に整うのです。以降の対話はスムーズになるはずです。ぜひ、試してみてください。

余談ですが、似たものに精神医療の現場でいう内観療法というのがあります。私自身、かつて比叡山の麓の禅寺で体験させてもらったことがあります。まずは、ついたてで周囲と仕切られた畳半畳ほどの空間に正座する。つぎに、ただひたすらに、生まれてから今日までにあった、「誰かにしてもらったこと」「誰かに迷惑をかけたこと」を逐一思い出す。そして、その相手への感謝とお詫びを言葉にする……というものだったと記憶しています。

都合6時間はアッという間に流れ、大量の涙が流れ、そして、それでもいつか、涙は枯れるものなんだなぁ〜と悟った瞬間、心のなかに、澄み渡る晴れやかな青空がひろがるのを実感したことを昨日のことのように覚えています。

内観により、自分や他者への理解・信頼が深まり、自己が存在することの意味を自覚することができるのだと、住職に教えていただきました。それによって生き方の改善を促すといった禅宗の教えだそうです。エンディング・アセスメントは、これを簡易にアレンジしたものと思っていただければ結構です。

エンディングのＧＲＯＷチャート

さて、今度は、親と子の心の底から溢れてきた想いを忘れないようにするための方法についてご紹介します。「終活曼荼羅」で8つのテーマについての本心を引き出せたとします。それをテーマごとに1枚の絵（チャート）にしていくのです。強い意思を持って具体的な終活に入っていくために、視覚的に脳みそに刷り込むことが目的です。

私ども「二十四の瞳」の啓発講座「敬老義塾」では、終活全般についても、終のすみか探しにおいても、次の4つのステップで未来を描こうとお話ししています。

★ステップ1　自分自身のゴール（Goal）を考える
★ステップ2　自分自身の現状（Real Position）を考える
★ステップ3　ゴールと現状を結ぶ道筋（Option）を考える
★ステップ4　それを実現するという強い意思（Will）を持つ

各ステップの頭文字をとって「エンディングの成長（GROW）モデル」と呼んでいるのですが、受講者のみなさんは、「まぁ大変。人生、死ぬまで勉強なのね」などと笑いながらも、学生さながらに必死に取り組んでいただいています。その姿には、「せめて死ぬ時ぐらいは、自分の意思を貫こうじゃないか」という想いが詰まっているようにも見えるのです。

◆ エンディングの GROW チャート〈「終のすみか」の例〉

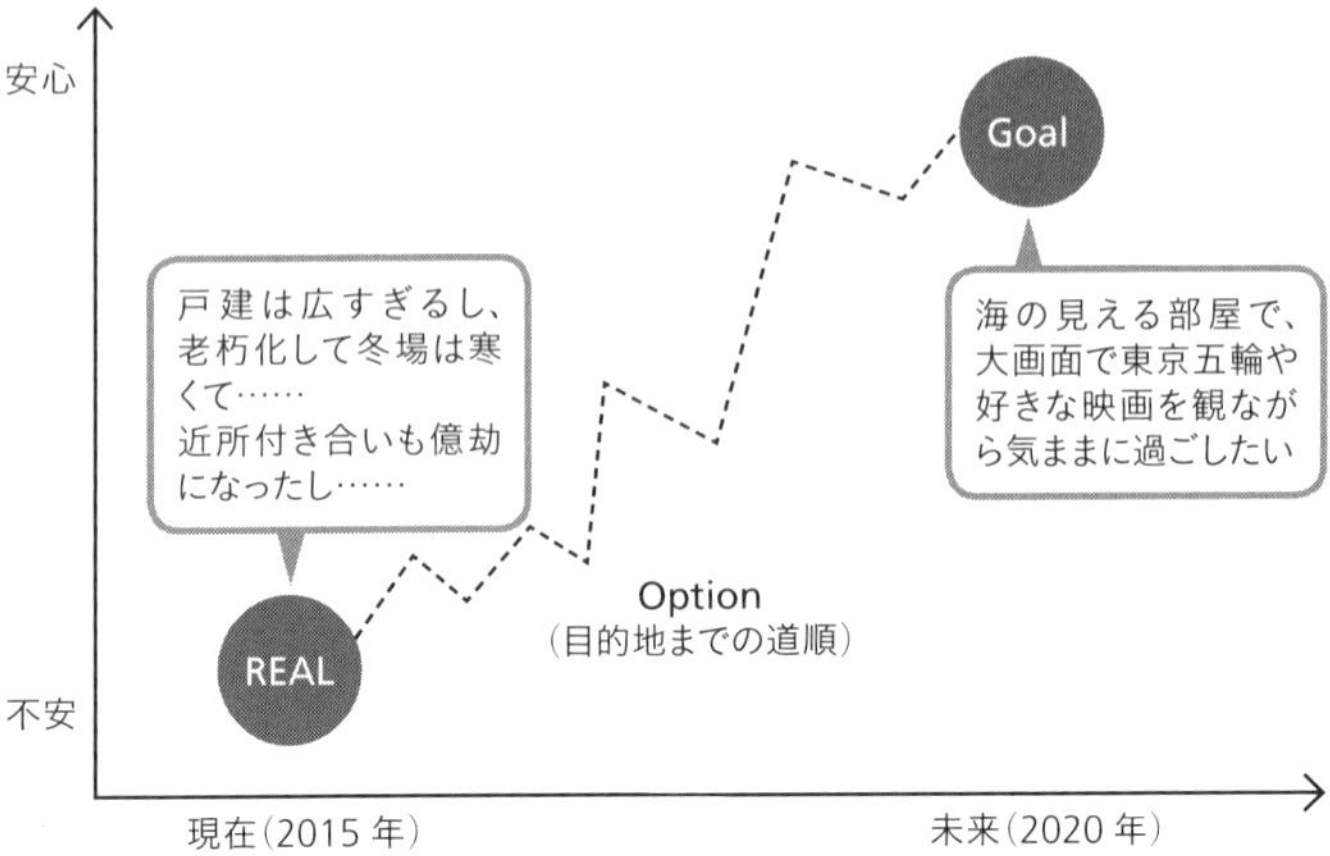
安心
不安
Goal
戸建は広すぎるし、老朽化して冬場は寒くて……
近所付き合いも億劫になったし……
海の見える部屋で、大画面で東京五輪や好きな映画を観ながら気ままに過ごしたい
REAL
Option
（目的地までの道順）
現在（2015年）
未来（2020年）

たとえば、8つのうちのひとつ「終のすみか」について GROW の4つのステップで自分の気持ちを整理してもらうとすれば、次のようになります。

★ステップ1　目的地（Goal）を設定する

・何歳くらいで、どのように最期を迎えたいか
・どのような空間で、誰に看取ってほしいのか
・希望地域は？　そこで暮らす上で不可欠な条件（上位3つ程度）は？

（例）「100歳で、子どもたちには負担をかけずに、病院以外の場所で」
「県内、25㎡以上、窓から緑が見える、買い物代行が頼める」

★ステップ2　現在地（Real Position）

を考える

・月々使える金額（年金、預貯金、子どもの支援も含めた月々の支払い可能額）

・健康状態、住み替えの目的

（例）「月額25万円以内、持ち家は広すぎ、要支援程度」

★ステップ3　道筋（Ｏｐｔｉｏｎ）を考える

・候補物件のしぼり込み

・予算を増やす手立てがあるか調べ、必要があれば実行

・相談相手を検討、確保

（例）「子どもに経済支援を頼む、娘の現地見学への同行、社会福祉士の確保」

★ステップ4　強い意思（Ｗｉｌｌ）を持つ

・期限を決める

・完璧主義に陥らない

・周囲に流されない

（例）「次の冬までに転居、買い物代行に別途費用は払わない」

俗に、人は生きたように死んでいく、と言います。だから、生きるということは、どう死ぬかを決めることでもあります。生命を授かった瞬間から、どのように生きて、どのように歳を重ねて、どのように病と向き合って、どのように培ったものを次世代に引き継ぎ、自らの幕を引くのか。これを考え実践していくプロセスが人生そのものなのかもしれませんね。

幕末の志士たちの精神的支柱であった吉田松陰。彼の言葉にこんなのがあります。ビジョンを持つことの大切さは、終活全般においても終のすみか探しにおいても同様だと思いますのでご紹介しますね。

「夢なき者に理想なし。理想なき者に計画なし。計画なき者に実行なし。実行なき者に成功なし。ゆえに、夢なき者に成功なし」

理想のゴールに到達するためにも、親子間の心理的距離をちぢめておく必要があります。あるがままの自分とあるべき自分を近づける必要があります。まずは、「ホットアイス・リラクゼーション」でさまざまなしがらみをほぐしてから、次に「エンディング・アセスメント」で本音を炙《あぶ》りだして、最後に「ＧＲＯＷチャート」にキーワードを書きこむことで意思確認をするのです。

ぜひとも、高齢者ホーム探しに出かける前にチャレンジしてみてください。

親世代へのメッセージ

以下は、とくに親世代のみなさんにお伝えしたい話です。ふだん、老い支度講座などでもお話していている内容です。「ちょっと偏った考え方では?」とお叱りを受けたり、「厳しすぎるわよ」とため息をつかれたりもするのですが、ひとつの意見として受けとめていただければ幸いです。

超高齢王国ニッポンの平均寿命は、男性80歳、女性が87歳。１００歳以上の人が10万人を超える日も近い。いやおうなく長生きしなければならない時代です。

しかし、勘違いしてはいけません。なにも不老長寿の国になったわけではないということを。長生きと引き換えに、私たちはさまざまなリスクを背負い込んだことは間違いありません。シニアの懐を虎視眈々と狙っている輩《やから》も多い今日この頃です。医療も介護も葬儀もそうです。そして、終のすみかはその最たるものです。芥川龍之介流に言えば、「老後は地獄以上に地獄的」。橋田壽賀子流に言えば、「老いる世間は鬼ばかり」ということでしょうか。

老老介護や老老相続の問題は、介護殺人や介護心中、子ども同士の遺産争いなど、悲惨で哀しい事件の火種を孕《はら》んでいます。これは決して対岸の火事などではありません。誰もが通る道だと思ったほうがいい。

社会保障をはじめ、国家インフラが未整備のまま、世界に稀な長寿高齢王国となったニッポン。そこにあるのは長寿どころか長生き地獄の可能性もあります。20世紀最大の海難事件タイタニック号の沈没から100年超。こんど沈むのは戦略なきニッポン丸かもしれない。その時沈みゆく船に残される側として真っ先に選別されるのは、哀しいかな、今の親世代かもしれません。

だから自分の行く末は自分で守るしかないと覚悟したほうが良いと思います。ちなみに、介護の「介」という字は、鎧をまとった武将が荒野にたたずんでいる姿を表す象形文字です。そして、それが意味するのは「自衛」です。

親子関係のあり方は変わったのだという現実を受けとめるべきだと思います。これは、老親を抱えた、働き盛りのみなさんにたいするメッセージでもあります。

親のおごりを捨て謙虚に向き合おう

高齢者と話していると、人生の最終段階にあって、「親子関係の悪化」に苦しんでいる高齢者がじつにたくさんいることに驚かされます。高齢者が死を自分の問題として意識するようになった時に、彼らの多くが懇願するのは、「いま一度、昔のようにわが子との良好な関係を取り戻したい」ということです。

逆にいうと、歳を重ねるに連れ、親子関係が悪化してしまうケースがいかに多いかということになります。印象としては、富裕層ではなく、一般大衆層にこの傾向が顕著です。そして、老老地獄問題の根底には、老親のおごりと勘違いがあるのではないか、と感じます。

親子（身内）間トラブルの元凶は、突き詰めれば、多かれ少なかれお金の問題です。親は老いてなおお金に執着して手放さず、一方で介護などを子に期待する。子にしてみれば、負担だけを背負わされ身動きがとれなくなってしまう。「子が親の面倒を見るのは当然」などというのは100年古い。もはや時代がちがいます。現代を生きる子どもたちは忙しいのです。

はっきり言いましょう。現在の老親世代が若かった頃。あの戦後経済の高度成長時代。兵隊から企業戦士に衣替えしたサラリーマンは、政官業の壮大なる癒着の恩恵を受けて、組織の歯車となりました。そして機械的に時間を過ごすことの対価として、誰であってもそこそこのお金を手にして蓄えることができた。そういう良い時代だったのです。老親世代のみんながみんな、取り立てて有能だったからではありません。この点を勘違いしている高齢者があまりにも多すぎる。そう感じています。

現代のこの国では、有能な人でさえ日々食べていくので精一杯。そんな過酷な毎日を生きている子どもたちに、金銭的な裏付けを示すこともなしに「親の面倒を子が見るのは当たり前」などと言っているから、老老地獄に落ちるのです。高齢者はもっと謙虚になる必要があるのではないか。娘さん・息子さんをわが子として授かったことの意味を、今一度みつめなおしてみることも必要ではないかと、私は思っています。

目の黒いうちに資産継承するのが親の使命

老老地獄に陥らないためには戦略が必要です。それも若くて元気なうちから。おおむね50歳くらい、第一子が成人するタイミングが妥当だと思います。ひとことで言うと、子が一人前になった時点から、親子の主従関係を漸次逆転していったほうがいい、ということです。

具体的には、老後のサポートを託すことと引き換えに、生前から親の資産を子に継承していくのです。親が心身ともに自律できているうちに、子に与えるお金と委託する役割について明確にしてくれれば、子の側にも親への感謝と覚悟が芽生えるというものではないか。これが私の持論です。実際に、私は50歳の時から少しずつ子どもにお金を移管しています。

親がいつまでも資産状況や遺産分割の方向性を示さないでいるから、そして示さぬままに心身がボケてしまうから、地獄を象徴するような痛ましい事件（介護虐待、介護心中、介護殺人、相続殺人……）が起きてしまうのではないか——この仮説を身を以て、検証しようというわけです。

生前の資産継承は、結果的に親子間の信頼と絆を強めるものではないでしょうか。多くの高齢者が望む良好な親子関係を維持するための唯一の方法と言えやしないか。こうすることによって、子に媚びず気を遣わず、誰に負い目も引け目もない、そんな自律した、クールな老後を実現できる可能性が高いと考えています。

悲しいかな、もはや国も子どもも当てにはできない時代です。経済的裏付けなしに子に面倒をみてもらうことなど甘い夢。砂の城にすぎません。親の側は、そんな当たり前のことを再認識する必要があるのではないかと思っています。

ご賛同いただけた方のために、私ども「二十四の瞳」が提言する生前資産継承のガイドラインをご紹介しておきます。

生前資産継承の目的は、①老後の良好な親子関係の維持　②子の役割の明確化と覚悟の促し　③緊急時の子の負担軽減　④有事の際の無駄な費用や税金の最小化　の4つです。

具体的な生前資産継承のステップは、以下の3段階を想定しています。

★ステップ1……親50歳（第一子が成人）

・エンディングのデザイン（4C8Q）

・資産の棚卸し（負債も忘れずに）

・資産継承宣言

・あわせて子に自分の考え方（人生観、死生観、生老病死、結婚のリスク、双方の親の介護のリスク、男女の性別によるリスク、子を持つことのリスク、家庭観、育児観など）を伝える

・資産継承案の作成開始

★ステップ2……親60歳（第一子がマイホーム購入）

・エンディングのリ・デザイン（4C8Q）

・資産継承手続（同意書取り交わし）

・漸次資産継承開始

★ステップ3……有事の場合（どちらかの親の死去、要介護など）

・子が親と生前に交わした同意書に則り実行

誰に相談すればいいのか

生前資産継承をスムーズに進める上では、家族会議等の前面に出るかどうかは別にして、社会福祉士、行政書士、ＦＰ（フィナンシャルプランナー）といった相談相手を確保することをお勧めします。

理由はいたって簡単。医療福祉の分野については、医師は料金が高いし、ケアマネジャーは要介護者専門です。

地域の高齢者一般の相談を担う地域包括支援センターもありますが、正直、要員不足・知識不足で、具体的な個別案件については頼りになりません。

それよりは、高齢者援助の専門技術を有する国家資格者である社会福祉士です。世間的認知度は低いものの、使いようによっては価値が高いと思います。

法律分野については、弁護士は何と言っても料金が高い。司法書士という選択肢もありますが、法律分野でいちばんリーズナブルなのは行政書士と言えるでしょう。フットワークよく動いてくれます。

お金の分野では、信託銀行や生命保険会社のＦＰが妥当かと思われます。

個人的には外資系生命保険会社のFPが好きです。頭がキレるし、人当たりもいい。日本の大企業からの転職組がほとんどだから日本人の感性とも合っています。日本の保険会社ではレベルが落ちます。信託銀行は、やはり慇懃無礼なところがあり、富裕層でないとそうそう親身になってはもらえないと考えたほうがいい。あくまでも私の感覚ですが。

もし仮に、具体的な用件で医者や弁護士が必要になった場合には、社会福祉士を通じて紹介してもらえばいいのです。そういった人脈も彼らの武器です。

私ども「二十四の瞳」では、社会福祉士がこの役割を担っており、すでに実績が8ケースあります。

前倒しの資産継承については、まだまだ馴染むのに時間を要するとは思いますが、団塊世代の高齢化に伴い、徐々に浸透してくると予測しています。

社会福祉士をご存じない読者のために、その定義を付記しておきましょう。

「専門的知識及び技術をもつて、身体上若しくは精神上の障害があること又は環境上の理由により日常生活を営むのに支障がある者の福祉に関する相談に応じ、助言、指導、福祉サービスを提供する者又は医師その他の保健医療サービスを提供する者その他の関係者（第47条において「福祉サービス関係者等」という。）との連絡及び調整その他の援助を行うこと（第7条及び第47条の2において「相談援助」という。）を業とする者（社会福祉士及び介護福祉士法　第一章第二条より）」

真の社会福祉士は、超高齢社会の救世主となるポテンシャルを秘めています。一度、みなさんがお住まいの地域で社会福祉士を探してみてください。相性がよさそうだったら、チャネルを作っておいて損はないはずです。

第3章

STEP2

候補をしぼる

はじめの一歩を大切に

いかがでしょうか。第2章で親子間のコミュニケーションが円滑となり、多少なりとも親子関係に温もりのようなものが戻ってきたでしょうか？　自分自身の偽りない本当のお考えを再認識していただけたでしょうか？

いい結果が出たと信じて、ここからは、終活の一大テーマである高齢者ホーム探しに的をしぼってお話しします。

第3章では、具体的な高齢者ホーム探しに入る前段階としての、絶対に欠かしてはならない「はじめの一歩」についてお話しします。ここをきちんと整えておくことで、高齢者ホーム探しで失敗したり後悔したりするリスクをかなり低減できます。逆に、ここをすっ飛ばしてやみくもにあちらこちらの物件を見学に行ってしまうと、もう何が何だか収拾のつかない事態に陥ってしまいますのでご注意ください。

良い高齢者ホームの定義は千差万別

ある時期、私どものコマホ（お困りごとホットライン。24時間365日・年中無休）で電話相談を受けていて興味深いことに気づきました。ほとんどの相談者がこう切り出してくるのです。「母（または父）を入れるのに、どこか良い施設（高齢者住宅）はないでしょうか？」

こんな間の抜けた質問をしてくる相談者は、かなりの確率でダマされる（後悔する）ことになります。このフレーズを聞くたびに、彼らが近い未来、地団駄を踏んでいる光景が目に浮かんできてしかたがありません。

それではここで質問です。

読者のみなさんは、終のすみかをどうしたいのか、具体的なイメージをお持ちですか？　何か基本方針のようなものをお持ちでしょうか？　じっくりと腰を据えて考えてみたことがありますか？

子ども世代の方であれば、お母さん・お父さんがどのようにお考えなのか、お聞きになったことがあるでしょうか？

コマホに寄せられる悲痛な相談内容。それらに共通するのは、いずれもいろいろな事情があって短期間で結論を出さなければならなかったということです。そして入居3ヶ月も待たずに、「こんなはずじゃなかった」「聞いていたのと話がちがう」「即刻、お金を返してもらって退去させたい」などと嘆いているわけです。

「どこかに良い施設ないですか？」と尋ねてくる相談者にたいして、毎度毎度、ため息がこぼれそうになるのを必死にこらえながら相談スタッフがこう返します。

「はじめに、お母さま（お父さま）にとっての良い施設というのはどのようなものなのか、具体的な条件をお教えくださいませんか？」

すると十中八九こう返ってきます。

「いえ、そのぉ、それが……よくわからないんです……」

ダマすほうも悪いけれど、ダマされるほうも悪い

本来、こんな変な話はないでしょう。私たちが買い物をする時、車でも保険でも洋服でもなんでもいいのですが、まず最初に、購入の動機や目的があるはずです。次に、当然のごとく予算がある。その上で、製品やサービスの仕様の話になるのが順序ってものですよね。

でも、終のすみかの話になると、目的や予算が出てこない。自分の親にとっての、絶対に譲れ

ない、優先順位の高い要望事項が出てこない。で、赤の他人に、おんぶに抱っこで「良い施設ないですか」と質問してくるわけです。

実際に入居することになるかも知れない当のご本人が高齢であれば、そこまで求めるのは酷かもしれません。だったら娘さん・息子さんのほうが当事者意識を持ってサポートしてあげるべきだと思います。

キツい言い方で恐縮ですが、ここをフォローせずにスルーしてしまったとしたら、思考停止というか、親と一緒にもうすでにボケちゃってると思われてもしかたありません。そういうことだから親子そろってコロッとダマされるのです。

でも、本当に多いんです、こういう人たちが。ダマすほうも悪いけれど、やっぱり、ダマされるほうも悪い。ちゃんと自律しないとダメだと思います。

終のすみかは人生最後の大きな買い物です。にもかかわらず、購入後の納得感があまりにも低い最大の原因は、購入する側の準備不足のような気がします。後でお話しする覆面調査をやってみてよくわかったのですが、施設側はそれなりにキチンと説明しています。ま、もちろん自分たちの不利益になるようなことまでは言いませんけれど。

だったら、そこを購入する側が踏み込んでいかなきゃダメでしょう？　そこで遠慮したり躊躇したりして、自分に都合よく解釈してしまって、「じゃ、お願いします」とか言ってしまう無防備な人たちが、残念なことにじつに多いのです。高齢者ホーム探しでいとも簡単にダマされてしまうことは、振り込め詐欺に引っかかるのと同じくらい理解しがたいと、私は思います。

余談ですが、そんな話を母にしたら、

「アナタはまだ若いからそう言うのよ。あたしくらいの年齢（82歳）になったらね、相手が何を話しているのか、自分が何を話しているのか、途中で何が何だかわからなくなっちゃうのね。あれこれ質問しようと準備しておいても、その場になったらアナタ、何を質問したかったのかだって吹っ飛んじゃうんだから。そのうちアナタもわかるわよ」

だそうです（笑）。ちょっと反省させられました。

そうですよね。入居者確保を仕事にしている働き盛りの人たちと対等にやりあえるなどという高齢者はごく一部の人たちだけなのかもしれません。だとしたら、入居希望者は、お子さんか、頼れる第三者の力を借りるしかないでしょう、ということになるわけです。この本がそのための一助になってほしいと願っています。

候補しぼり込みの第一歩

そこで、読者のみなさん。今すぐに考えてみてください。高齢者ホーム探しの大前提となる次の2つの質問の答えを。自分の親、あるいはご自分がどこに該当するのかを。

★入居する方の健康状態は？
□自立
□要支援～要介護2
□要介護3～5

★入居する方の支払い能力は？
□月額10万円未満
□月額10万円～30万円
□月額30万円以上

これが決まれば、必然的に入居可能な高齢者ホームの種類が決まってきます。

◆ 月額予算と自立度で見る現実的な「終のすみか」候補

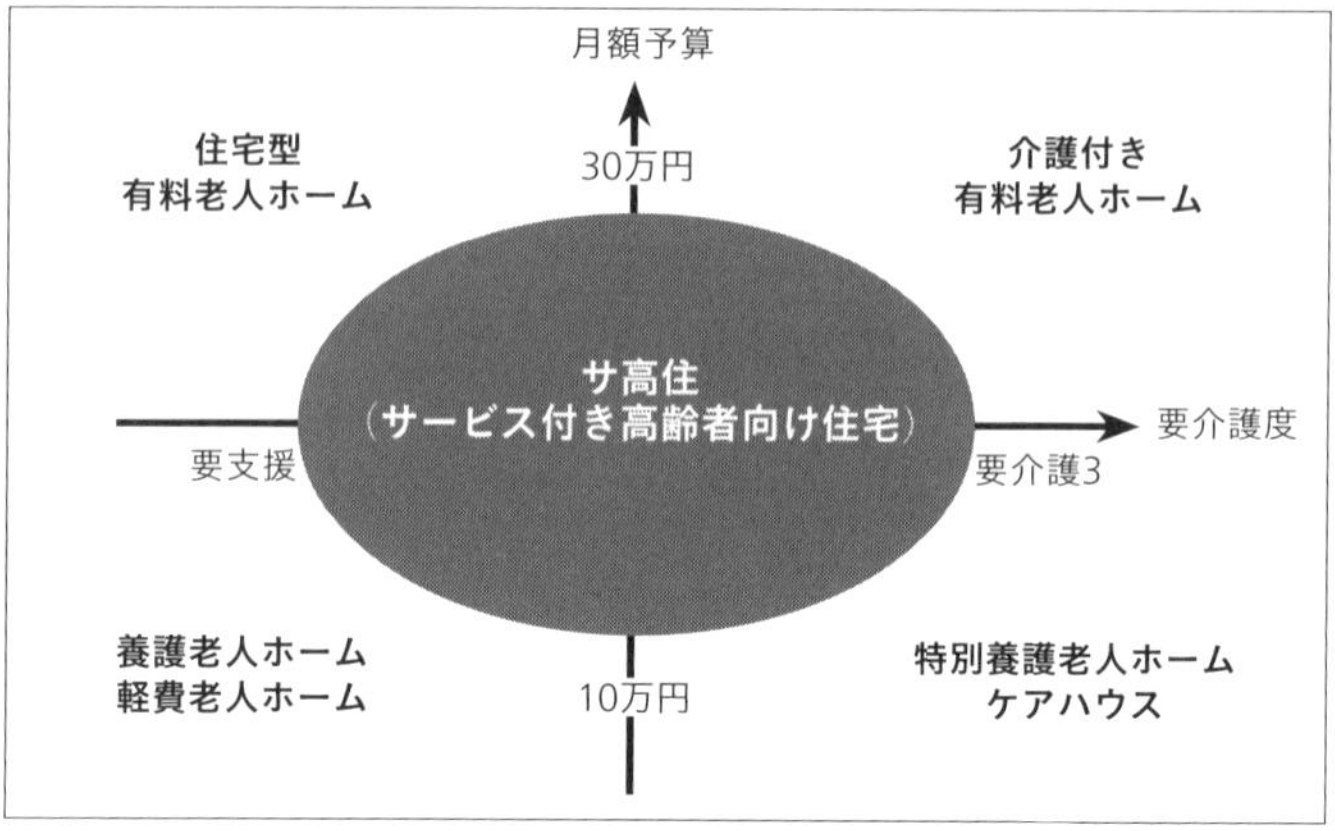

第1章でも申し上げましたが、高齢者世帯の所得状況を調べると、月々の支払い能力が10万円～30万円の範囲の人がいちばん多い。圧倒的多数です。高齢者が10人いれば8人がこの範囲に該当すると言っていいでしょう。本書が想定する読者のみなさんがまさにこの層です。

で、困ったことに、この階層の人たちの高齢者ホーム探しがいちばんむずかしいのです。というのも、候補たり得る高齢者ホームの種類や名称がいろいろあって、大変わかりづらいのです。

実際的な話をすると、重篤者なら介護付き有料老人ホームかサービス付き高齢者向け住宅（サ高住）。とくに認知症が激しい場合にはグループホーム。健常者（身の回りのことは自分でできる人）なら住宅型有料老人ホームかサ高住。といった具合に、書いていてもこん

◆ 予算&健康状態別「終のすみか」候補一覧表

予算＼要介護度	自立～要支援	要介護
月額 30万円以上	□健康型有料老人ホーム □(高級)住宅型有料老人ホーム □現在の住まい	□(高級)介護付き有料老人ホーム
月額 10～30万円	□サービス付き高齢者向け住宅 □(廉価版)介護付き有料老人ホーム □グループホーム（認知症であることが条件） □現在の住まい（排泄介助を要さないことが条件） □住宅型有料老人ホーム	
月額 10万円以下	□養護老人ホーム □軽費老人ホーム □現在の住まい	□特別養護老人ホーム（要介護3以上） □老人保健施設 □ケアハウス □療養病床

がらかるくらい識別がむずかしい。実際のサービス提供方法も似通っているからさらにむずかしい。一般の人が完全に理解することは不可能に近いでしょう。それが不本意な結果をもたらす一因だと思います。

さらに、高齢者ホームは数こそたくさんあるものの、経営上の理由からその9割以上が要介護度の高い人たちを入居させることを想定した物件です。まだ限りなく自立に近い状態の人がおだやかに自分らしい時間をエンジョイできると思っていざ入居してみたら、何かと制約が多かったり、重篤な人たちを日常的に目の当たりにしてストレスを抱えてしまったりで、入居前に描いていた老後のイメージとのギャップに悩むケースも多くなるわけです。

結論から申し上げると、本書が想定する読者のみなさんの実際的な選択肢は、サ高住がメインとなります。

加えて、最近増加傾向にある廉価版の介護付き有料老人ホーム（入居一時金100万円以下）も候補になり得ます。このいずれかだと思っていいでしょう。

私の持論は、すでに排泄に介助が必要な状態であれば介護付き有料老人ホーム、それ以外はサ高住となります。ただしサ高住については、当初は自立状態だった入居者も時間の経過とともに心身が衰えていくわけですから、その状況に合わせて、都度、介護や医療や葬儀といったさまざまなサービスを円滑に調達してくれるコンシェルジュ的な機能が必須となります。この後述べるように、これはとても大切なポイントです。

もちろん、高齢者ホームに入居する以外に、自宅で死ぬのもアリですが。

有料老人ホームには、自立者を想定した住宅型有料老人ホーム（介護が必要となった場合には、出前形式で外部から介護サービスを調達）と要介護者を想定した介護付き有料老人ホームがあります。他に介護が必要となったら退去しなければならない健康型有料老人ホームというのもありますが、これはバブル崩壊前に温泉地などに建てられた豪華版が多く、現在では新しく開設されることはありません。物件数としてもわずかなので、本書では触れていません。

◆ 終のすみかの需給バランスイメージ

ざっくりとした終のすみかの需要	
総人口	1億2700万人
65歳以上人口	3200万人
要介護者数	600万人
要介護2以上	300万人
要介護3以上	**200万人**

ざっくりとした終のすみかの供給	
介護保険3施設	90万人
有料老人ホーム	40万人
サ高住	20万人
グループホーム	20万人
軽費・養護老人ホーム	15万人
在宅での看取りを支える訪問診療医	10万人

＊数字はいずれも端数を処理。
＊介護保険3施設とは、特別養護老人ホーム（50万床）・老人保健施設（35万床）・療養病床（7万床）を指す。
出典：厚生労働省関連サイトより NPO 法人二十四の瞳にて編集
（2013 年の調査結果をもとに作成）

要介護3以上の高齢者の終のすみかは足りている！

全国的に高齢者の終のすみかが不足しているとメディアは書きたてる。が、決してそんなことはない。

実際には、高齢者ホームの入居率は全国平均で8割に満たない。地域さえこだわらなければ、空きはある。要介護度3以上の人たちの最後の場所は足りているというのが現場の実感だ。

真剣に探せば必ずある。もしも「ない」と言われたとしたら、それは相談する相手を間違っていたのだと考えるべき。

有料老人ホームとサ高住のちがいは？

有料老人ホームとサ高住は、一見、見分けのつきにくいものの、本質的には大きなちがいがあります。それは、前者が「施設」であるのに対し、後者は「住宅」だということ。

そもそも、施設のウリは入居者の管理です。管理というのは、要するにリスク管理。それを実現するために、施設側が一方的に定めた規定に則って入居者に均一行動を求めるわけです。

わかりやすい例として、入居したら、朝から晩まで、施設側が定めたルールに則って生活することが前提となります。入居一時金ウン千万円といったシティホテルのようなごく一部の物件を除けば、「本質的にそのオペレーションは刑務所や収容所と変わらない」と、業界大手であるメッセージ社を創業した橋本俊明氏も言っています。

一方、後者のウリは居住快適性。入居者個々の自分らしさと言ってもいいでしょう。普通に考えれば、いつ何を食べようが、いつお風呂に入ろうが、いつ外出しようが、入居者の自由意思ということになります。これには当然、自己責任が求められることになります。

なので、日常的に医療や介護が必要な重篤者なら施設を、健常者なら住宅を選ぶべきだと、私は思っています。読者のみなさんは、しっかりと双方の基本的なちがいを頭に入れておくべきで

◆ 有料老人ホームとサ高住の違い

	有料老人ホーム	サービス付き高齢者向け住宅
位置づけ	施設	住宅
主目的	管理	自由な暮らし
居住権	なし	保証
規制	多い	少ない
介護部隊	内設	出前
夜間職員	常駐	非常駐
月額費用	固定	変動
入居一時金	あり	なし（慣習として）

す。

しかしながら昨今は、両者間のちがいがますますなくなってきています。実質的に重篤者のための終のすみかはすでに足りているため、介護事業者たちは、要介護度でいえば「自立」から「要介護2」の人たちを想定した営業に切り替えてきたフシがあります。都市部を中心に物件数自体も供給過剰なため、必死に入居者を確保しようとするばかりに、「管理」が売り物の有料老人ホームが「自由」をアピールしたり、「住宅」であるはずのサ高住が「管理もバッチリ」などと宣伝したりするわけです。外から建物の構造を見ても見分けはつきません。

おまけに、有料老人ホームの入居一時金も安くなる傾向（かつては数百万円から数千万円までが当たり前だったのが、100万円以下の廉価版が増えてきた）にありますから、介護の世界を知らない人たちがこんがらがってしまうのも当然です。

これからは、必要以上に「施設」だ「住宅」だと神経質にならなくてもいいかもしれません。

さらにもうひとつの傾向としては、今後ますます、有料老人ホームよりもサ高住のほうが増えていくと言えます。というのも、サ高住を開設すれば国から多額の建築費補助や税制優遇を受け取れるため、もともと施設を展開していた企業も、事業の軸足をサ高住にシフトしてきたという事情があるのです。

知っておきたいサ高住誕生の背景

国交省と厚労省は、２０１１年の秋に、標準的な高齢者のために60万人分の死に場所（集合住宅）を作ろうと新しい制度を打ち出しました。高齢者の医療と介護に係る費用が膨らみ続けるなかで、当然のことながら、病院で死なれるよりも安くつくような制度設計になっています。それがサ高住です。

社会保障費が底をつくなかで、要は、コスト高の病院や公的施設を増やすよりも、民間事業者に集合住宅をたくさん建ててもらい、高齢者にはそこに入ってもらって低コストで死んでいってほしいという国家戦略です。

◆ **サ高住の概要**（国土交通省によるサービス付き高齢者向け住宅の要件）

【ハードウェア（設備）】
①床面積25㎡以上
＊食堂、キッチン、浴室などの共用部分が確保されていれば18㎡以上で可。
②各居室に、キッチン、洗面所、水洗トイレ、収納スペースを配備
③バリアフリー対応（廊下幅、段差、手すりなど）

【ソフトウェア（サービス）】
①最低でも、安否確認と生活相談に対応
②医療または介護に係る専門資格取得者の常駐（平日日中の時間帯）
③職員不在の時間帯は緊急連絡装置にて対応

【契約関連】
①居住の安定が担保されていること
②敷金、家賃、サービス対価以外を徴収しないこと
＊実際には敷金ゼロの物件がほとんど
③前払い金を徴収する場合には、入居者の保護が図られていること

そのために、サ高住を建てた地主や企業には、建築補助金や税制優遇といった手厚いニンジンをぶら下げています。これに目の色を変えた建築系企業、介護系企業などが一気にサ高住事業に乗り出したのです。ちなみに、２０１５年６月末の時点で、すでに約20万人分のサ高住が整備されたことになります。

サ高住にたいする時代のニーズはたしかに大きいものがあります。第１章でも述べましたが、これからの日本では、現実的な死に場所としてもっとも有力なのがサ高住だと思います。日本の高齢者の人口動態や世帯収入を考えると、高齢者の８割は有料老人ホームの廉価版かサ高住を検討することになるはずです。

高額な入居一時金を必要とする有料老人ホーム

を展開してきた介護事業者も、一般大衆層を顧客として取り込むべくサ高住に事業の軸をシフトしてきています。入居一時金こそ徴収しないものの、サ高住であれば建築補助や税制優遇があるため事業リスクを抑えることができるのです。仮に3億円の建築費がかかったとしても、サ高住であれば5000万円超のコストメリットがある計算になります。

生活支援サービス費こそがブラックボックス

でも、時代の寵児であるサ高住であるがゆえに、気をつけなければならないこともあるのです。頭の片隅に置いておいていただきたいのは、補助金だの税制優遇だのといった話になると、毎度のことながら、これに群がってくる輩《やから》が次から次へと出てくることです。なかには高齢者の生活を真剣に考えていないどころか、喰いものにしようとしている連中もいるかもしれません。だから高齢者ホーム探しをする側は、いいかげんな物件にダマされないように細心の注意を払わなければならないのです。

第1章でも申し上げましたが、平均5万円もの「生活支援サービス費」を取りながら、ほとんどの物件で、入居者にたいする相談がまるっきり機能していない事実に驚かされます（詳しくは第5章参照）。その意識のかけらも感じられないといった物件にさえたびたび遭遇するのだから、困ったものです。

月々5万円だとすると、10年間住んだとしたら600万円にもなる大きな金額です。地方に行けば、家賃よりも生活支援サービス費のほうが高い物件がたくさんあるほどです。

じつは、この部分が多くのサ高住の利益になっているのです。誤解を恐れずに言えば、極力、入居者の相談に応じないことで手元にキャッシュを残す。そうすることで採算を取る仕掛けになっているとしか思えません。

だから、「生活支援サービス費」の具体的な中身を徹底的に聞き出さなければいけません。自分の生活スタイルとサ高住の生活支援サービスの内容がどの程度マッチするのか。朝起きてから夜寝るまでをイメージして、快適に暮らしていくためにはどのようなサポートがあってほしいのかを書き出すことです。それを現地見学会や入居説明会に持っていって、然るべき立場の人に質問するのです。

そうやって言質を取らなければ危険です。それをせずに中途半端に妥協して契約してしまうから、「こんなはずじゃなかった……」となる。自業自得なのです。親だけでは荷が重いのであれば、子どもも同行し、場合によってはプロにも相談して一緒に来てもらうくらいのことはしないと、それこそ後の祭りになってしまう。安直に契約してしまったために、嘆きながらじっと我慢して暮らしている人がいかに多いことか！

繰り返します。全国の高齢者ホームで暮らすたくさんのシニアが、今もこうしたことで、「こんなはずじゃなかった……」と嘆いています。読者のみなさんに伝えたい。アナタだけはそんな目にあってほしくないと。アナタの両親にだけはそんな思いをさせてはならないと。

有料老人ホームにたいするよくある誤解

一方の有料老人ホームについても、ぜひ知っておいていただきたいことがあります。日々相談を受けるなかで、多くの相談者が誤解しているなぁ〜と頭を痛めていることです。

①「やはり金額的に高い物件のほうが安心なのでしょうか？」

↓「入居一時金は必ずしもサービスの良し悪しと関係しない」

一般の製品やサービスでは、高額のもののほうが高品質なのは当然の話です。しかし、必ずしもそうはいかないのが終のすみかのやっかいなところなのです。入居者側が負担する費用は何によって決まるかというと、何と言っても土地代と建築費に尽きます。だから、立地が良いほど高くなるのは当然だし、外観や内装に凝れば凝っただけ高くなります。要はハードウェア（設備面）の世界の話なのです。

有料老人ホームの場合は、数百万円から数千万円もの入居一時金を必要とする物件が多いのですが、それはハードウェアに充当されると認識しておく必要があります。入居一時金の高い物件だからといって、介護サービスや接遇などのソフトウェアに充当されるわけではないのです。

つまり、「入居一時金」と「介護の質」に相関関係はないということ。入居一時金は建物の豪華さに比例するのであって、入居後のサービス品質とは相関しないと考えたほうがいいでしょう。入居一時金は、建物の竣工時に支払った莫大な建築コストを回収するためのものです。「何千万円もの入居一時金を取るくらいだから、さぞかしサービスが充実しているのだろう」という発想は愚の骨頂です。

ついでに触れておくと、ソフトウェアの品質というのは、職員教育および職員の待遇と密接に関係してきます。でも、入居一時金の高い物件で働いている職員の賃金が高いかというと、必ずしもそうではありませんから注意してください。

↓「月額料金は入居後のサービス品質と緩やかに相関する」

一方で、月額料金は、入居後のサービス品質と緩やかに相関します。どういうことかというと、月額料金が高い施設ほど職員の給与が（相対的に）良いはずです。研修に充てる時間も多いでしょう。待遇が良ければ、職場環境にたいする満足度が高く、精神的に余裕をもって仕事をしている確率が高い。となると、入居者に対しても感じ良く振る舞うことができるということになります。あくまでも、確率の問題としてですが。なお、慣習として入居一時金を取らない場合がほとんどのサ高住にも、この考え方が適用できると思っていいでしょう。

②「やはり、施設のほうが住宅よりも安心なのでしょうか？」

↓「施設のほうが住宅よりも安心とは言えない」

この質問は、「有料老人ホームのほうがサ高住よりも安心なのではないか」と置き換えてもいいでしょう。しかしながら、答えはノーです。

これは非常によくある誤解です。字面をみて、どうしても「施設は安全、住宅は不安」という先入観や固定観念を持ってしまう人が多いようです。こういう相談者の話をよくよく聴いてみると、2つの意味で「施設のほうが安心」と思い込んでいるのがわかります。

↓「住宅よりも施設のほうが介護が手厚い？」

「施設」というネーミングに過度な期待を持ってしまう入居者や家族は多いものです。でも実際に入居してみると、「一日じゅうテレビの前で放っておかれる」、「ナースコールを鳴らしてもなかなか来てくれない」などの不満やクレームが後を絶ちません。介護職員が常に入居者の隣に居てくれることをもって「安心」と言うのであれば、「施設の方が安心」とは言えないのが本当のところです。

これはもう入居者側の勉強不足です。

施設の人員配置というのは、最低でも「入所者3人にたいして職員1人」と定められています。わかりやすくいうと、食事の時間に4人がけテーブルに3人の入居者と1人の職員が座っている（実際には、1人の職員が注意を払う入居者数は10人くらい。すべての職員が食事介助にかかりきりになるわけではないため）ということです。

これにたいして、「住宅」であるサ高住は、入居者ごとに介護サービス事業者と契約し、ケアプランという決め事に則ってさまざまな介助を受けることになります。したがって、ある入居者のケアプランに「食事介助」が盛り込まれていたとすれば、ひとりの職員がひとりの入居者をマンツーマンでサポートすることに。つまり、入居者1人にたいして職員も1人。施設よりも手厚いということになります。

ただし、施設である有料老人ホームの場合、日中の時間帯はほとんどの入居者を食堂とかホールとかに集めて、職員が他の仕事をこなしながらではありますが、遠巻きに注意を払っています。

サ高住の場合には、基本的には賃貸アパートみたいなものですから、食事やイベントがない限り、入居者は多くの時間を自室で過ごすことになります。

こうした事情を勘案したうえで、いずれの介護が手厚い（あるいは、安心）と判断するのか、ということになります。

③「施設でないと最後のさいごまで暮らすことができないのでは？」
↓「施設でも住宅でも退去を求められる場合はある」

私の知る限り、契約書上に「認知症による問題行動などで共同生活が困難な場合は退去してもらう場合がある」という条項が記載されていないのは、東京海上日動サミュエル社が運営する「ヒルデモア」のみです。つまり、施設であっても退去させられる可能性は「ある」ということです。

あと、老人ホームというのは、いくら高額な入居一時金を支払っても入居者に所有権はない（ごくまれに例外あり）ので間違えないように。入居者は「終身利用権」を得られるに過ぎません。親が亡くなったからといって、娘さん・息子さんがそこに住まうことはできないので注意してください。

評判の良い医療機関が運営する物件は穴場？

補足しておきたいのが、医療法人が経営母体の場合です。これは、同じ終のすみか（ほとんどがサ高住）でもちょっと事情が異なります。月額料金がさほど高くないわりにサービスが良好な物件をよく見かけます。

医療法人の場合、終のすみか事業を行うと訪問診療という（介護とは別の）収益源が見込めるし、本業の患者増が期待できるため利益をあげやすいのです。だから、あえて月額料金をそんなに高く設定していない場合がある。その地域で流行っている（人気のある）医療法人が開設した物件には、入居者にとってはコストパフォーマンスがいい物件が（とくに地方では）多いように感じています。

ただし、あくまでも「地域で評判の良い医療法人」という条件付きです。悪徳医者が患者囲い込みのため終のすみかに手を出すこともありますから、注意が必要です。そこでは、狭い部屋で入居者をベッドに拘束し寝かせきりにして、過度な医療行為を施したり、あるいは、何もせずに診療報酬（病医院の収益のこと）をせしめたり……。

そういう物件だってあるから油断は禁物です。

絶対に譲れない、こだわりの条件を決める

さて、入居者の健康状態と経済状況から、検討対象となる終のすみかは「有料老人ホーム」か「サービス付き高齢者向け住宅」に決まったとします。

次は、実際に現地見学をする際にもっとも重要となる作業です。

それは、実際に入居する本人のライフスタイルや価値観を考えた時に、そこで暮らすうえで絶対に譲れない条件トップ3を決めることです。もちろん3つに限定することはありませんが、まずは優先順位の高いものを3つ考えてみてください。

朝目覚めてから夜眠りに就くまで、平均的な1日をカラーで、かつ動画でイメージしてみてください。お子さんであれば、お母さん・お父さんの暮らしぶりを、まずご本人に聞いてみてください。たぶん、別々に暮らしていることのほうが多いでしょうから、この際、じっくりとご両親の日常の様子を教えてもらってください。こうして親子の会話が増えること自体、エンディングに向けて望ましいことです。

第2章でお話ししたように、終のすみかに始まって、延命治療のこと、相続のこと、葬儀のこと、命あるものならば必ず通ることになるこうしたテーマについて、親の意思を確認しておくことは、お子さん世代にとってはとても重要なことです。これをしておかないと、親が死んだ後、大変な思いをすることになります。そんなリスクを減らすためにも、お母さん・お父さんが元気なうちから、良好な親子関係を再構築しておくべきだと思います。そのためにも、まずは親の日常に関心を持って、会話のきっかけを作ってあげてほしいものです。

その際に忘れないでほしいのは、今は元気でもからだの衰えは避けることができないということです。心身が少しずつ不自由になっていった時に、最後の生活においてどうしても譲れないものは何なのか。誰かの助けをもらってでも最後まで継続したい日課はなんなのか。

経験的に思うのは、現時点で健康な人ほど、学びと遊び、人との交わりにたいする意欲が旺盛なことです。逆に、身体的に衰弱した状態の人ほど、「最後まで自力で排泄したい」「認知症になりたくない」「寝たきりになりたくない」という消極的な要望が強い傾向にあります。

高齢者ホーム探しをラクにしてくれるこだわりの条件

いずれにせよ、ここで炙《あぶ》りだされた譲れない条件は、現地見学に出向いた時に物件側の言質を取るべき最重要事項です。とっても大事なところです。妥協しないでください。

具体的な条件を考えあぐねている方のために、ご参考までに私どもの会員のみなさんがあげてきた「譲れない条件」のなかから、「なるほどねぇ」と感じたものをいくつかご紹介しましょう。

★最低でも週に一度は出前（カツ丼、そば、熱燗など）を取って、自室でゆっくり晩酌ができること。
★誰に遠慮することなく、大きなテレビで大好きな映画を毎日観たい。部屋の掃除とベッドメイクだけはどなたかにやっていただけると助かる。
★最低でも週に一度はオイルマッサージを受けたい（出かけるのも可、出前でも可）。
★平日の日中の時間帯だけでもいいので、介護職員を（年齢と雰囲気が最愛の孫娘に近い人に）固定してくれること。
★自然あふれる環境（海よりも山）で花に包まれながら暮らしたい。身体が動かなくなってもガーデニングだけは続けたい。
★医者嫌いゆえ何があっても病院では死にたくない。最後のさいごまで住まわせてくれること。
その上で、死に支度（知人への手紙や連絡、菩提寺への取り次ぎ、遺言）の全面支援を確約してくれること。

★毎年、桜の季節には、必ず釈迦堂川沿いの桜を観に行かせてくれること。

★月に何度かは、何かのついでの時でいいから無償でかさばる買い物をお願いできること。

★いつでも自由にコーヒーを飲める環境（自動販売機でも可）が整っていること。

★自伝を書き残したいので、部屋にはブロードバンド環境が整っていてほしい。徒歩圏内に図書館があったらなお可。

なかなかいいでしょう？

満願成就といくかどうかは別にして、ここまで具体的に譲れない条件を決めてしまえば、物件探しは格段とラクになります。さらに、探す側も助かるのです。

見学物件の目星をつける

さて、読者のみなさんはどうでしょう。みなさんのご両親はいかがでしょうか。最後まで守っていきたいものははたして何でしょうか。お母さん・お父さんがなかなか思いつかないようであれば、娘さん・息子さんのほうからアイデアを出しながら話し合ってみてください。

そうして、ご本人にとって重要度の高い、絶対に譲れないトップ3が決まったら、それが高齢者ホーム探しにおいて最優先されるべき選定基準になります。何があろうとも絶対に揺るがない基本軸です。これを現地見学の際に質問して言質を取ればいい。それだけです。たったこれだけのプロセスを踏んでおくだけで、入居後に後悔する確率はグッと減るはずです。

ここまできたら、いよいよ実際に見学に出向く物件のピックアップです。モノは試しで、高齢者ホームに関する情報の公的な検索サイトを覗いてみてください。

★厚労省や自治体が管轄する「介護サービス情報公表システム」(www.kaigokensaku.jp)

★国交省と厚労省管轄の「サービス付き高齢者向け住宅情報提供システム」(www.satsuki-jutaku.jp)

ここには、全国の高齢者ホームが申告した物件情報がデータベース化されています。まずは都道府県あるいは区市町村でしぼりこんでから、いくつかの物件を抽出してみましょう。その後で、個々の物件のホームページを見て、感覚的に「まぁ、良さそうかなぁ」という高齢者ホームを選べばいいと思います。

他にも、新聞・雑誌・テレビやご近所の口コミなど、情報源は何でもOKです。ここまで読んでいただいたみなさんであれば、すでに高齢者ホームにたいする基本方針が固まっていますから、どこを見学に行っても、そうやすやすとダマされるはずはありませんからね。それでもやっぱり不安だという場合には、遠慮せず私どもまでコンタクトしてください。時にお子さん、時に親戚に扮して、現地に同行させていただいておりますので。

信用できない物件の特徴とは

さて、第3章の最後にオマケです。

先日、ある雑誌の取材で、「あきらかに疑ったほうがいいという物件の特徴を教えてください」というのがありました。以下に、私が信用できないと感じる物件によくある7つの特徴についてご紹介しておきます。

① テレビCMや新聞の一面広告など、広告宣伝がド派手
本来は入居者サービスの向上に充当すべきお金を広告宣伝に費やしているということは、入居率がかなり低いと考えるべき。

②　開設1年を経過しても入居率が50％に満たない
ふつう終のすみかビジネスを立ち上げる場合、着工時点で50％の入居者は見込めていないとおかしい。私はそう考えている。

③　ホームページやパンフレットに金額に関する情報が出ていない
明朗会計が叫ばれるこの時代において、費用面の情報がいっさい表に出ていない物件がかなりある。これはやはり入居者視点が欠けている。

④　設立経年と比べ、職員（とくにケアマネージャー）の勤続年数が短い
たとえば、開設2年以上経っているのにケアマネが1年未満だったとしたら、低賃金、無昇給、有給を取得できない、研修を受けられないなど、諸待遇が悪い証拠だと私は判断する。

⑤　アポなしの見学に応じない、または困惑する

⑥　「倒産した場合、入居金は返ってこないのですか？」「過去に虐待や盗難などの事件がありましたか？」といったネガティブな質問にたいして動揺する

⑦　感覚的に、なんとな〜くしっくりこない（この直感は間違いなく当たっている！）

ここまでが、高齢者ホーム探しにおいて絶対に欠かしてはならない「はじめの一歩」です。

「支払い能力と健康状態から高齢者ホームの種類を決定する」→「やがて介護が必要となったとしても、最後のギリギリまでこだわりたい、譲れない条件を３つ決定する」→「公的検索サイト、各種メディア、口コミ情報のなかから見学候補物件を決定する」。おおまかには、こんな流れになるでしょうか。

なお、譲れない条件トップ３といいましたが、３つに限らずこれが多ければ多いほど、後々に後悔するリスクは減ると考えていいでしょう。今は元気であっても、少しずつ心身が弱くなっていく過程や、その時の暮らしぶりをいかに具体的にイメージできるかが勝負です。想像力が大切です。まさしく、想像なくして創造なし、です。

ヒーリングミュージックなど流して、紅茶でもすすりながら、ゆったりとした空間のなかでご自分自身と、あるいはご両親と向き合ってみてください。お母さん・お父さんの豊かな発想が溢れる場を作ってあげられるのは、お子さんしかいないと思いますよ。

もちろん、ご自分の問題として考える場合には、まっさらな気持ちで自分自身と向き合ってみてください。

さぁ、いよいよ次は、家族そろって現地見学です！

第4章

STEP3

各物件を掘り下げる

優先順位を決めよう

いよいよ第4章では、実際に現地見学に出向くリサーチについてガイドしていきます。第3章で抽出していただいた、ご本人がそこで生活するうえで絶対に譲れない条件。これを質問することはもちろん必須ですが、他にもいろいろな選定基準があるものです。かなり多岐にわたりますが、大切なのは、入居するご本人にとっての優先順位を決めておくことです。どれだけの物件を回っても、すべての項目がパーフェクトなどということはあり得ません。

だからこそ、優先順位の高いチェックポイントを重点的に観察するのです。絶対に譲れない条件がクリアされた上で、それ以外の高優先順位の選定基準も満たされるようであれば、その物件は終のすみかとしては合格です。

私どもでは、この2年間に約200の物件（有料老人ホームとサービス付き高齢者向け住宅）を対象に覆面調査を実施しました。コマホ（お困りごとホットライン。24時間365日・年中無休）に寄せられた相談内容を分析して、各物件にぶつける質問リストを作成。老親の入居先を探しているという設定で、現地見学会や入居説明会はもとより、個別面談の機会まで設けてもらい現場責任者に話を聴いてまわったのです。その結果を踏まえて、以下に現地見学時のチェックポイントを整理します（覆面調査の詳細については第5章にまとめました）。

背広組にはご用心！　現場責任者をつかまえろ！

まず、現地では誰に話を聞くべきか。答えは、「背広組にはご用心！　現場責任者をつかまえろ！」となります。

注意したいのは、いくら大手企業が運営している物件であっても、居心地の良し悪しは現場のトップによるところが大きいということです。当然のことながら、間違っても運営会社のホームページやパンフレットだけで入居を決めてしまうような愚は犯さないようにしてください。とくに、「絶対に譲れない条件」については、背広組ではなく、現場責任者に直接話を聴くことが必須条件です。

ところが、現地説明会や入居相談会といったイベント時には、多くの場合は、本社（本部）からその日のためにやってきた背広組（入居者獲得を担っている営業職。入居相談員などという肩書が多い）が仕切り役として出てきます。彼らは本当にソツのない、でも具体性のない抽象的で表層的な言葉を並べてくることが多いです。後期高齢者ともなると、事前にいくら口を酸っぱくして知恵を授けておいても、やはりそれを聞くだけ聞いて納得して帰ってきてしまう。徹底的に踏み込んで質問することをどこかで躊躇《ちゅうちょ》してしまうようなところがあるようです。

彼らの説明を聞く場合には、そこで心を鬼にして、あえて一歩踏み込んで質問をしてみる心の強さが求められます。最低限、あらかじめ用意した「絶対に譲れない条件」について質問をぶつけないと、わざわざ現地見学に出向いた意味がありません。契約（入居）してしまってから後悔することがないように、読者のみなさんは肝に銘じておいてほしいものです。心の底から納得することなしに契約するような安い買い物では、決してないはずですからね。

背広組のもうひとつの問題は、現場経験がない場合が多いので、現場のオペレーションや介護サービス自体についての皮膚感覚が利かない場合があること。だからかどうかはわかりませんが、本社の人間と現場の人間の間に、いびつな空気が流れていることさえままあります。どうぞ「背広組にはご用心」と頭の片隅にインプットしておいてください。

背広組の話とは別に、やはり現地へ行ったら、そこに常駐している現場責任者（サ高住なら事業所長、有料老人ホームなら施設長）や、サービス責任者（ケアマネジャー、介護福祉士など）と直接顔を合わせて話を聞いておきたいところです。逆に、そういった現場の人たちが顔も出さないような物件であれば、信用度は低い。そう考えていいでしょう。

そして、もしもその物件で暮らしている入居者と出会う機会があったとしたらラッキーです。チャンスです。ぜひ声をかけてみましょう。声をかけるのがむずかしい雰囲気であれば、その様子をじっくり観察してみてください。それが近い未来のあなた自身の、あるいは、お母さん・お父さんの姿、行く末なのですよ。

合格ラインは60点？

さて続いて、現地ではどこを観察すべきか。ここでもう一度お断りしておきたいのは、満点回答を求めないということです。満点を期待しても、期待するだけ虚しいからやめましょう。100点満点を求めていたら、日本中どこにも入れる場所は見つかりません。よく考えて決めた絶対に譲れない条件と照らしあわせて、全体で60点ならば合格。そんな感覚を持っておくのが妥当なところです。

以下に、終のすみかの選定基準25項目を「快適」「安心」「安全」の3つの視点に分けて記載しました。ご両親やご自身の価値観から優先順位を考えて、重要視したい項目については納得いくまで確認することが望まれます。万全を期そうと思ったら、その場のやり取りをボイスレコーダーで録音するくらいのことはしてもいいと、私は思っています。

高齢者ホーム25の選定基準

1．終のすみかの「快適性」に関するもの

①職員の人となり

医療や看護以上に、介護のオペレーションに求められるもの。それは職員の「心」のあり方です。紙オムツやベッドシーツの交換、食事や入浴の介助といった技術（やり方）は、場数を踏むことでレベルアップが見込まれます。しかし、心構えや意識づけというのはなかなか改まるものではありません。だから、施設見学会や入居説明会に出向いた先で出会うことになる職員ひとりひとりの「心」のあり方に全身全霊を傾けて観察してほしいのです。

えっ？「心」なんて目に見えないって？　なぁに、心配はいりません。簡単なことです。要は、さわやかな笑顔とハキハキした声、そしてキチンとした姿勢が取れているかどうか。「表情」「姿勢・態度」「言葉」は、どれも「精神」と連動しています。そう、人の心は、表情・姿勢や態度・言葉に必ず表れるもの。よこしまな心を持った人は、暗い顔だったり、姿勢や態度がだらしなかったり、話し方や聞き方が感じ悪かったりするものなのです。

逆に、感じの良い笑顔・姿勢・言葉づかいが浸透している物件は安心でしょう。そして、そんな職員が多い物件には、かなりの確率で感じの良い施設長がいるものです。介護現場では、施設長の志や想いが職員を育てるものだからです。チームワークもいいし、離職率も低いはず。

②身の回り支援

部屋の清掃、ゴミ出し、電球交換、宅配便の梱包・解包などを気軽に頼めるか。もちろん無料で、です。

第1章でご紹介したSさんのことを思い出してください。「寒い冬の朝、屋外のゴミ集積場まで自分で行くことを強いられた」。私どもに寄せられたクレームには、その結果、転倒してケガをしたというケースが何件もあります。

③食事時間・場所の融通

食事については、決められた時間に決められた場所で食べなければならないというルールに抵抗を示す人が多いです。その時の気分で部屋食（居室に配膳してもらって食べる）や出前、さらには外食の要望はかなり多いにもかかわらず、対応してくれる施設は意外と少ないのです。部屋食は、介護保険サービスの「食事介助」の契約が前提となる場合が多く、これだと、自立や軽度の入居者は部屋で食べられないことになるから不便極まりありません。また、部屋食を要望した場合、配膳・下膳までを頼めるかどうかも、自立状態の人ほどこだわりたい点です。

④面会・外出・外泊の自由度

要介護者の場合、ひとりで外出することは認められていません。家族が付き添う場合には事前申請が必要です。施設である有料老人ホームのみならず、住宅であるはずのサービス付き高齢者向け住宅（サ高住）でも同様なのは、私としては信じがたいことです。

職員の同行については、介護保険サービスの「外出同行」の契約が前提と答えてくるはず。突発的な外出への同行については、人手不足のためたいていの場合断られることになります。別途費用を支払えば対応可という場合もあります。

役所での手続き代行は、ほとんどの物件で対応していません。「あくまでも入居者本人と家族で」との回答が多いです。委任状作成の上、対応するくらいの柔軟性が求められます。

面会についても、夜間体制の脆弱さゆえ、時間制限を設定している物件が多いです。

⑤建物（外観・内観・使い勝手）

入居者の価値観にもよりますが、個人的には、ホテルのような豪華な外観を求めるのはちょっとちがう気もしますが……。訪問客の手前、豪華なハードウェア（設備）にこだわる人も稀ではあるがいるようです。

⑥居室（広さ・使い勝手・センス）

まずは広さ。実際に見学してみるとわかるのですが、既存物件のほとんどは要介護度の高い入居者を住まわせて採算を取ろうとしています。そのため必然的に狭くなり、平均すると18㎡くらいになります。多少ゆとりがある物件でも25㎡を超えるものはそうはありません。これは、身の回りのことが自分でできたり、足腰が元気で活発に出歩けたりする人たちだと窮屈に感じるでしょう。逆に、1日のうち大半をベッドで過ごす人にとっては十分な広さです。

次にトイレ。居室の片隅にカーテン1枚で仕切られた空間に便器が設置されているだけの居室がけっこうあります。普通の感覚でいくとあり得ません。これでは収容所と一緒にすら思えます。分相応という言葉があります。豪華なホテルや御殿もどうかと思いますが、収容所っていうのもちょっと問題でしょう。人間にとっての尊厳の最後のさいごまで残る砦が排泄であることを考えれば、やはりトイレは完全に仕切られているべきというのが私どものスタンスです。

⑦共用部分（食堂・共同浴室・娯楽空間などの使い勝手や決まりごとなど）

煙草やペットが苦手な場合は、十分に確認しておきたい点です。

共用部分は、車椅子でも支障のない広さと動線。そして清潔感。最近、都市部にはテナントとして1階に飲食店が入っている物件が増えてきています。ライフスタイルを考えてみて、外食や出前のニーズがある場合には評価ポイントになるでしょう。

⑧異臭・悪臭

玄関から建物に入った瞬間。各フロアに上がった瞬間。エレベーターに乗り降りする瞬間。食堂やホールに入った瞬間。違和感がないかどうか。ふだん建物のなかにいる職員たちは匂いにたいして鈍感になっている場合があるから要注意です。

⑨イベント

どのようなイベントがどれくらいの頻度で行われているか。積極的に外部との接点を持ちたいとか、毎日に変化がほしいとか思う人にとっては重要な点です。

⑩立地（環境・アクセス・駐車場）

家族の立場からすると、最寄駅からのアクセスや駐車場の有無は確認しておきたいところ。

2. 終のすみかの「安心度」に関するもの

⑪トップおよび生活相談スタッフの経歴・資格

見学の際、ちょっとでもいいからトップと顔を合わさせてもらうのが理想です。最悪でも、その略歴や人となりは教えてもらうべきでしょう。

相談窓口を担う職員はとくに重要です。何を相談しても「できない」「わからない」「本部に確認する」としか返ってこなかったり、物件によっては、昨日今日ヘルパー２級の資格を取ったばかりの実務経験ゼロ職員を配置していたりといったケースさえあります。これはもう論外の外。要注意です。とくにサ高住の場合、医療福祉の専門資格者を配置することの対価として「生活支援サービス費」を徴収されるわけですから、しっかりと見極めたい超重要ポイントです。

⑫安否確認

具体的に、どれくらいの頻度で、誰が、どのように行ってくれるのか。

⑬家族とのホットライン

家族にたいして、定期的な近況報告や何かあった際のタイムリーな連絡を頼めるか。

⑭緊急連絡設備

ナースコール（緊急時連絡装置）は、通常はベッドサイドや壁に備え付けられています。肝心なのは使い勝手。双方向にコミュニケーションが取れることは必須です。一方的に発信するだけだと、緊急コールを職員が認知してくれたかどうかがわからないから危険です。見学時は必ず試させてもらうこと。ベッドに横になったままで会話できることが望ましいです。

加えて、居室や廊下の天井部分に人感センサーが備え付けられていて、24時間検知がないと管理人が安否確認に向かうことを徹底している物件も増えてきています。要介護度が高い入居者の場合にはグッと安心感が増すはずです。

⑮日常的な医療サポート

訪問診療医（施設が契約している連携医療機関の医師。定期的に健康状態を管理してくれる。月に1回または2回のケースが多い）の専門診療科目と診察頻度。医師との相性が合わない場合、医師変更が可能かどうか。専門以外の診療科については、確実に紹介してもらえるのかどうか。

⑯休日・夜間の要員体制

看護師が常駐しているかどうか。介護職しかいないのであれば、その職員は医療的見識がどの程度あるのか。本当に救急隊員や医師と会話ができるのか。

⑰緊急時の医療サポート

夜間や休日の緊急時、訪問診療医と確実に連絡が取れるのかどうか。家族が駆けつけられない場合に、職員は救急車に同乗してくれるのか。できないなら、搬送先医療機関の医師にたいしていかにふだんの様子を伝えるのか。明確な説明を求めたいところです。

⑱提携医療機関の入院設備

都心部の診療所のほとんどは無床。救急車を呼んだもののタライ回しされたのでは元も子もありません。入院設備のある病院とも提携関係があるのが理想です。

⑲老い支度のサポート

医療に係る折衝（転院、カルテや所見の入手、入退院）、介護に係る折衝（事業者・担当者の変更、ケアプランの見直し）、資産分割・相続・遺言などの専門家仲介、葬儀社の仲介など、必ず必要となる専門性の高い課題にたいして、どこまでサポートしてもらえるか。

葬儀社探しは、私どもへの相談案件トップ5の常連です。入居者確保のために「看取りまで対応」と謳うのであれば、エンディング全般に必要となるさまざまな準備についても相談に応じてくれて然るべきでしょう。

⑳職員研修

当該施設の職員がどのような研修を、どれくらいの時間受けているのか。結局最後は、日々顔を合わせることになる現地職員の人となりです。明るくハキハキしているか。挨拶ができるか。入居者の気持ちを慮《おもんぱか》ることができるか。たとえマニュアルでは対応不可なことでも、どうすれば入居者の要望に近づけることができるかを考える姿勢があるか。介護技術よりも、接遇やコミュニケーションに係るものが重要です。

医療依存度が高い場合に注意したい、夜間緊急時対応の確認項目

休日や夜間の緊急時における医療サポートは、昔からトラブルが絶えないテーマである。以下のような質問にたいして明確に回答してくれる物件は少ない。「提携」とか「連携」とか耳触りのよい言葉を鵜呑みにしてはならない。

□夜間の時間帯にも看護師が配置されているかどうか
↓夜間に看護師を配置している物件はまれ。介護職が異状の第一発見者となる場合がほとんどなのだが、これは不安である。
□夜間や休日の緊急時、訪問診療医と確実に連絡が取れるのかどうか
↓信じられない話だが、「提携医療機関の診察時間外は主治医と連絡が取れない」ケースも散見される。
□家族がすぐに駆けつけられない場合、職員は救急車に同乗してくれるのか
↓救急車を呼んで「ハイ、おしまい」という物件も多い。家族が遠方だったり、身寄りがいなかったりといった場合には妥協できないポイントだ。

□救急車に同乗してくれないのなら、搬送先医療機関の医師にたいしていかにふだんの様子を伝えるのか
↓主治医による日常的な所見などをメモにして持たせてくれるなどの配慮が必要。
□提携医療機関（日常的な往診医）には入院設備があるのかどうか
↓もし無床ならどんな対策をとっているか。入院設備のある病院とも提携関係があるか。
□夜間緊急時の具体的な対応手順を書面でもらえるかどうか
↓数は少ないが用意している物件も存在する。
□本当に最後の最期まで住まうことができるのかどうか
↓退去勧告される場合の退去条件をキチンと確認し、過去の事例なども聞いておく。
□死亡確認時に、葬儀社へ直接遺体を引き渡してもらえるかどうか
↓あらかじめ決めておいた葬儀社に、家族に代わって遺体を引き渡してくれる物件も増えてきた。

3. 終のすみかの「安全性」に関するもの

㉑セキュリティ

不審者の侵入はどのように防がれているか。

㉒衛生管理

建物内に入る際、手洗いとうがいが徹底されているか。

㉓耐震性・耐火性

地震や火事にたいする措置や仕組みは？

㉔契約書・重要事項説明書

契約関連書類、運営規程、緊急時の対応手順、退去条件、プライバシー保護や身体拘束などの倫理規定などの写しをもらえるか。通常、顧客側に写しを渡すのがビジネス常識ですが、顧客側が求めないと何もくれないとか、求めても理由を聞き返されるとか、閲覧はできても渡せないとか、とにかく提供者論理の対応がまかり通っています。後々に何かがあった時、後の祭りとしないためにも妥協してはいけません。

また、これまでの人生で借家暮らしをしたり、分譲住宅を購入したりしたことのある方であれば、「重要事項説明書」という言葉を聞いたことがあるはずです。重要事項説明書とは、居室や共用部分の仕様・人員配置基準・入居率・料金体系・退去条件などの詳細が記載された書類です。これを入手することは、消費者側の当然の権利。にもかかわらず、「求められたら渡す」「理由を聞き返す」「うそがバレるから決して渡さない」などという物件がけっこう存在するから注意が必要です。

㉕トラブル・事故事例、退去事例、死亡件数などの情報開示

過酷な労働を他のどの業界よりも低い待遇でこなしている世界だけに、何も問題が起こらないほうがおかしいです。ネガティブなことを隠さずに話してくれる物件こそ信用できるというものが、多くの場合、苦笑いして隠すか言葉を濁します。

また、「看取りまで対応」と謳いながら、一方的に退去勧告されるケースも散見されます。退去条件や過去の事例についてキチンとした説明を求めたいところです。

あわせて、プライバシー保護や身体拘束など、職員が遵守すべき倫理規定についても質問できれば理想です。その時の相手の表情にも注意しましょう。

いかがでしたか？　高齢者ホームの選定基準25項目のなかでも、やはり優先順位があるはずです。それを設定しておくことが肝要です。

現場責任者から「絶対に譲れない条件」の言質が取れて、それに加えて25項目のうちの優先順位上位項目について確認して、「まあまあ及第点かな」と思ったら、最後のさいごに、ダメ押しをしましょう。

本質を見抜くための5つの究極質問

以下に、物件側の美辞麗句をかいくぐり、その本質を見抜くための究極質問を5つ用意しました。「最後の親孝行」と「最後の自分探し」のためにも、ためらうことなくぶつけてみてほしいと願います。

（1）「もしもアナタのご両親を入れるとしたら、やはりこちらを選びますか？」

こう聞いて、すかさず相手の反応を見ます。それまで流ちょうにソツなく話していた相手方を、素に戻して本音を聞き出すのに最適な質問。仮に、入居者に接触するチャンスがあったとすれば、「お友だちにもこちらを薦めますか？」と聞いてみたいところです。

（2）「入居者の家族会のようなものがありますか？　もしあれば様子を拝見させてもらえないでしょうか？」

こう聞いて、すかさず相手の反応を見ます。「いいですよ」と快諾してくれたらラッキー。こんなオープンマインドの物件は安心です。ただし、通常は受け入れてくれる可能性は低いでしょう。大手介護会社の物件であっても、家族のコミュニティすらないところも多いのが実情です。

（3）「介護のお仕事は本当に大変でしょうねぇ。アナタはどうしてこのお仕事を選ばれたのですか？　私にも就職を控えた孫（子ども）がいるものですから、差し支えのない範囲で教えていただけたらと思いまして」

現場責任者にぶつけてみたい質問です。トップの職業観や仕事感は職員に少なからず影響を与えるもの。志や情熱をキープしているトップがいる物件は、離職率が低く、いい人材が揃っている可能性が高いです。

（4）「他の物件と比べて、ここは絶対に負けないというこちらの強み（特徴）は何ですか？」

真顔で真剣に問うてみたいことです。こちらが真剣に聞けば、相手も真剣に考えて答えざるを得なくなるものです。人間誰しも、本音を偽った言葉を口にすると不自然な言動が出てしまいがち。クールな視線で見極めましょう。

（5）「できれば介護スタッフの方に、認知症（要介護）の高齢者と接する際にとくに工夫されている点について、直接お話を伺いたいのですが」

サ高住の場合、どこの居宅介護事業所と契約を結ぼうと自由です。が、実際には建物または敷地内にグループ系列の事業所が併設されている場合がほとんど。そこを逆手にとり、介護職員の技量や人柄を試す質問を投げかけてみると、思わぬ判断材料が得られるかもしれません。

高齢者ホームの雰囲気は現場責任者の色に染まる

さて、この章の最後に、施設見学時に私がとくに注意して観察している点についてお話しようと思います。終のすみかの選定基準25項目のいちばん最初に書いた「職員の人となり」についてです。ここはとくに重要なところなので、繰り返しになりますが補足しておきます。

まずは先述の背広組。彼らがどんなに感じの良い応対をしてくれたとしても、彼らはみなさんが入ることになるかもしれないその物件にはふだんはいない人たちだということ。これを決して忘れないでください。加えて、現場感がない場合が多いので、用意した「絶対に譲れない条件」が具体的であればあるほど、彼らに質問しても事前準備が意味をなさない可能性があります。

となると、誰に話を聞くべきか。もうおわかりですよね。もちろん、いちばん良いのは実際の入居者から話を聴くことです。ただ、これはなかなかむずかしい。次は現場責任者。それからリーダークラスの介護職員ということになります。

また、企業によっては、エリア担当（複数のサ高住を運営している会社の場合、地域単位で入居相談員なる名刺を持った営業スタッフがいる）なる背広組がいるのですが、本社の人間よりはマシという程度で、やはり、現地常駐の責任者または職員にコンタクトすべきです。

現地の管理責任者の姿勢はきわめて重要です。仮に、お母さん・お父さんの「絶対に譲れない条件」を質問したとします。おそらく、そのうちの半分以上は運営規程上カバーされない要求だと思われます。しかし、マニュアルで「ノー」であったとしても、その場合の答え方が問題になってきます。見極めのポイントです。

どういうことかというと、ただ単に「できません」というだけならば小学生でも答えられるということです。終のすみか探しをしている人たちの要望事項に真摯に耳を傾け、共感し、「こういう事情ですべてに対応することはむずかしいけれど、ここまでであればやりようがあるので対応しましょう。検討してみましょう」といった具合に、折衷案や代替策を検討してくれる姿勢。これがあるかどうか、です。要はマニュアル通りの杓子定規な回答ではなく、入居者側に寄り添った親身な姿勢の有無を見極めなければなりません。

◆ 誰に何を聞くべきか

入居相談員（本社や本部の人）	介護職員
□介護の業務経験 □退去時の精算方法 □生活支援サービスの内容 □入居率 □離職率 □看取り実績	□経歴・資格 □業界に入った動機 □大切にしていること □当該物件の良いところ □認知症ケアの工夫点 □緊急時の具体的流れ
現場責任者	**入居者やその家族**
□経歴・資格 □業界に入った動機 □大切にしていること □当該物件の良いところ □認知症ケアの工夫点 □緊急時の具体的流れ □自分の親を入居させたいか	□毎日楽しいか □入居して良かったか □親を入れて良かったか □いちばん良いところ □不満なところ

●電話でアポをとる時の注意点

インターネットの検索エンジンで、厚生労働省の「介護サービス情報公表システム」など、公的なサイトにアクセスして当該物件の現地連絡先を調べること。

単に施設名称だけで検索をかけると、販売代理店のサイトが上位に表示されることが多く、そこに電話すると運営企業本社の営業部門に連絡してしまうことになる。ここはあくまでも現地に直接コンタクトをとりたい。

さらに現地職員と会話できた場合にも、見学時にはあくまでも現場責任者に話を聞きたい旨をはっきりと伝えよう。

介護の世界は、過酷な労働条件のためにきわめて離職率が高い。ストレスを抱え込んでいる職員も当然多いわけです。それでもたまに、多くの職員が清々しくイキイキと見える物件がありま す。これはトップの影響によるところが大きい。志が高く、部下からの人望が厚いトップの存在があってこそ、人が笑顔になり、場が和やかになるものだと、私は考えています。

逆に、現地のトップが杓子定規であれば、職員も間違いなくそうなるものです。入居者がいろいろな相談をした時に、機械的に「イエス」「ノー」でしか答えられないような職員だらけの物件では話になりません。

この点は、入居者の生活全般に係る相談機能を掲げ、その対価として月額5万円から6万円もの生活支援サービス費を徴収しているサ高住であれば、とくに注意して見極めたいポイントです。マニュアルを超えたところにこそ、入居者の納得が存在するのです。

最後に、読者のみなさんに素敵な言葉をご紹介します。

「半分でいい、人並みでいい、普通でいい、平凡でいい、程々でいい」

これを「幸せのハヒフヘホ」といいます。建物の外観や内装、居室の広さなど、設備面の豪華さにこだわる方もけっこういるようです。しかしながら、分相応という言葉もあるように、モノ選びにおいては、こんなスタンスが望ましいと、私は思っています。

さあ、遠足気分で物件巡りに出かけよう

まずは一度、ワクワクドキドキしながらゲーム感覚で現地を訪ねてみてください。そして、質問をぶつけた際の、相手の一瞬の反応をクールに観察してみてください。きっと本音が垣間見えるはずです。はじめは多少緊張するかもしれませんが、慣れてくるとなかなか楽しくなってくるから不思議なものなのです（笑）。第2章から第4章まで、「ちぢめて」、「しぼって」、「掘り下げる」ための意識と知識と技術に触れていただいたみなさんであれば、高齢者ホーム探しの旅は、きっと有意義な時間となるはずです。

親・子・孫の三世代でドライブがてら高齢者ホームを見学に行く。現地では、あらかじめ準備した質問項目をキチンと確認する。帰り道に食事でもしながら、みんなで感想を語り合う。

高齢者ホーム探しがもしもこんなふうに行われたとしたら、家族関係も老後の暮らしも、きっと温もりのあるものになるんじゃないかなぁ〜と、私は思っています。

第5章

衝撃！サ高住は「サービス抜き高齢者向け住宅」だった

～覆面調査レポート～

電話による覆面調査とその結果

第5章では、2013年から2014年にかけて、私どもが実際に行った覆面調査の結果について、その一部をご紹介してみたいと思います。

2012年以降、「二十四の瞳」のコマホ（お困りごとホットライン。24時間365日・年中無休）に寄せられる「終のすみか」に係る相談案件が急増。たくさんの相談者の訴えから、入居後の日常生活・夜間緊急時・老い支度へのサポートが機能していないのではないか、いや、そうとしか思えないと認識するに至りました。これを受け、この仮説を検証するために電話および現地訪問による覆面調査を敢行しました。かなり衝撃的な結果になっていますので、心してご覧ください。

【調査期間／調査対象】

2013年6月から7月にかけて、関西圏50物件。

2013年7月から8月にかけて、首都圏110物件。

【調査対象】

いずれも、介護系大手企業（ニチイ学館、メッセージ、ベネッセスタイルケア、学研ココファン、ワタミの介護、やさしい手、ココチケア、ツクイ、セントケア、ジャパンケア）の物件を中心に無作為抽出。他に一部、医療法人・社会福祉法人の運営物件も含む。

【調査方法】

老親の入居物件を探している息子または娘に扮し、平日の13時30分～14時30分（現場オペレーションが比較的ゆとりのある時間帯と推定）の間に3人のスタッフが手分けして電話をかけた。具体的な問い合わせ内容は、コマホへの相談が多かった10項目を含め全15問。採点は、固定電話のスピーカー機能とボイスレコーダーを併用し、3人のスタッフによる合議制で行った。なお、老親と子どもの設定は以下のとおり。

〈老親〉

・実母。年齢は80歳。
・調査対象物件の近隣都市の戸建に独り暮らし。5年前に夫と死別
・月に2回程度、定期的に通院し降圧剤の処方を受けている。
・認知症の兆候が認められる。モノ取られ妄想が散見される。

・要介護2だが、居宅介護サービスは利用していない。

〈子ども（長男または長女）〉

・50歳。会社勤め。

・老親とは離れて生活している。

・自分の生活も多忙で積極的に関われないが、親を見殺しにはできない複雑な心境を抱えている。

・親の介護を理由に現在の生活を変えることがむずかしい。

・高齢者向けの住まいに入居させたい。そのための懸念点について事前に確認したい。

［**質問項目**］

①入居者の相談窓口となる職員の資格あるいは職種は何か

②食事は自室まで運んでもらえるか

③ゴミ出しを頼めるか

④トイレットペーパー・ティッシュなど、かさばる買い物を頼めるか

⑤宅配便などの荷造り＆発送を頼めるか

⑥週に1回程度、外出機会を用意して同行してもらえるか

⑦　通院などの同行を頼めるか
⑧　転医が必要な場合などに訪問診療医からカルテの写しや検査データを入手してもらえるか
⑨　定期的な家族宛ての近況報告書を頼めるか
⑩　遺言状作成の段取りを頼めるか
⑪　予算内で葬儀の一切合財を賄ってくれる葬儀社を探してもらえるか
⑫　夜間緊急時に、受入れ医療機関まで円滑に引き継いでもらえるか
⑬　電話応対の基本マナー（3コール以内、挨拶、名乗り）はできているか
⑭　言葉遣いは適切か（敬語、平易な表現、あいづち）
⑮　質問にたいする回答は適切か（わかりやすさ、感じよさ、簡潔さ）

覆面調査の結果

さて、結果はどうだったか。コマホに寄せられる相談テーマのうち、とくに件数の多いものについて、以下に結果を掲載します。衝撃の実態を見ていただきましょう。なお、掲載した以外も似たり寄ったりの傾向であり、とても残念な結果であったことを言い添えておきます。

①入居者の相談窓口となる職員の資格あるいは職種は何か

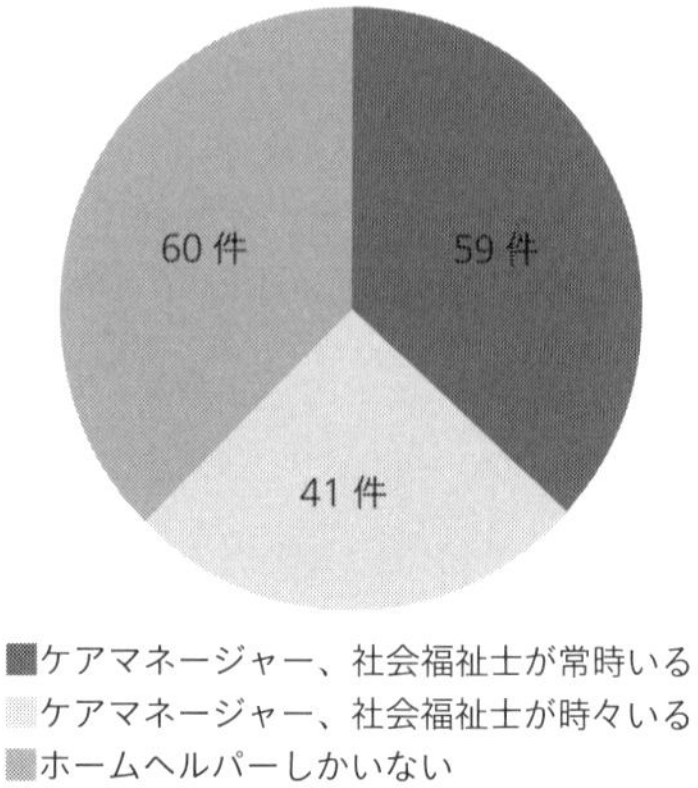

チェックポイント

★せめて平日の日中は専任スタッフがいるか。

★自立状態にある人へのサービスは誰があたるのか。

★相談窓口は通信教育でホームヘルパー2級を取得させただけの、いわばペーパードライバーだったりしないか。

④トイレットペーパー・ティッシュなど、かさばる買い物を頼めるか

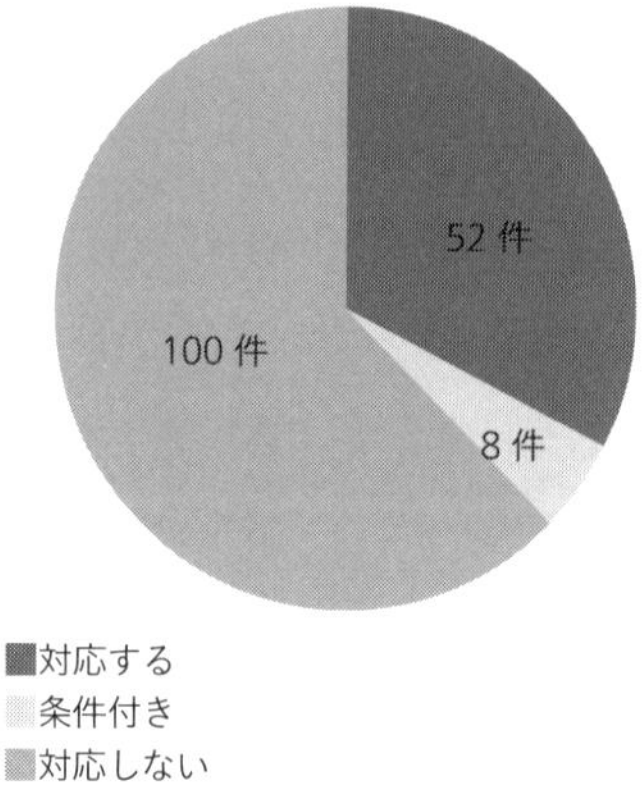

チェックポイント

★「買い物代行がケアプランに盛り込まれていれば対応する」と回答した物件は、すべて「対応しない」としてカウント。それを履行するのは物件側の義務である。入居者側がわざわざ「相談」するまでもない。対応して当然だ。

★マニュアルでは対応できないリクエストにどう知恵を絞るのか。それが「相談」の本質だ。

★「条件付き」とは、追加料金を徴収されるということ。何とか工夫を凝らして対応しましょうという姿勢があるか。

⑧転医が必要な場合などに訪問診療医からカルテの写しや検査データを入手してもらえるか

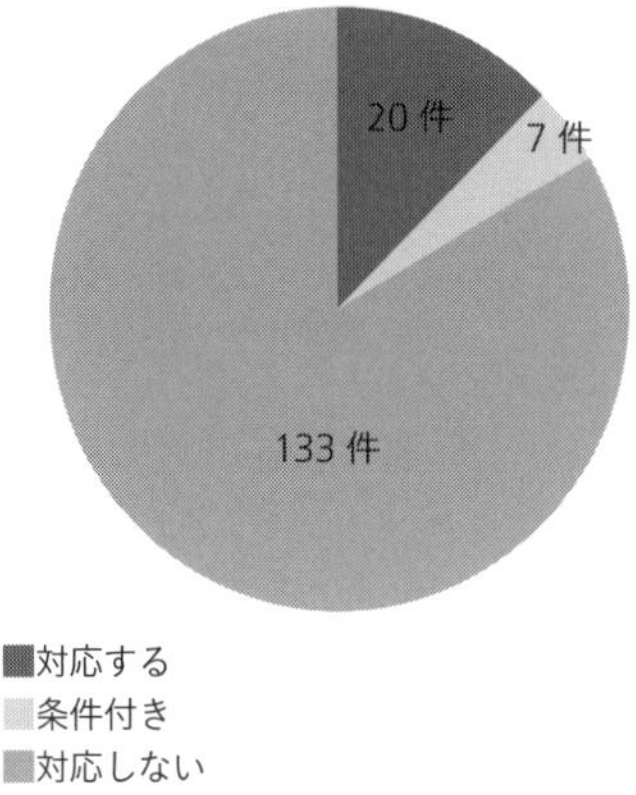

チェックポイント

★この程度のことに対応しない、もしくは、対応できないというのであれば、福祉専門職の資格を持っている意味がない。連携している医療機関の、しかも日常的に訪問診療に来てくれているドクターに、どうして「入居者やご家族がカルテの写しをほしいと言ってます」とリクエストできないのか。

★要は、極力、よけいな作業を増やさないために、入居者からの相談をことごとく断る方向へ持って行けと経営層から指示が出ているとしか思えないのだ。

⑨定期的な家族宛ての近況報告書を頼めるか

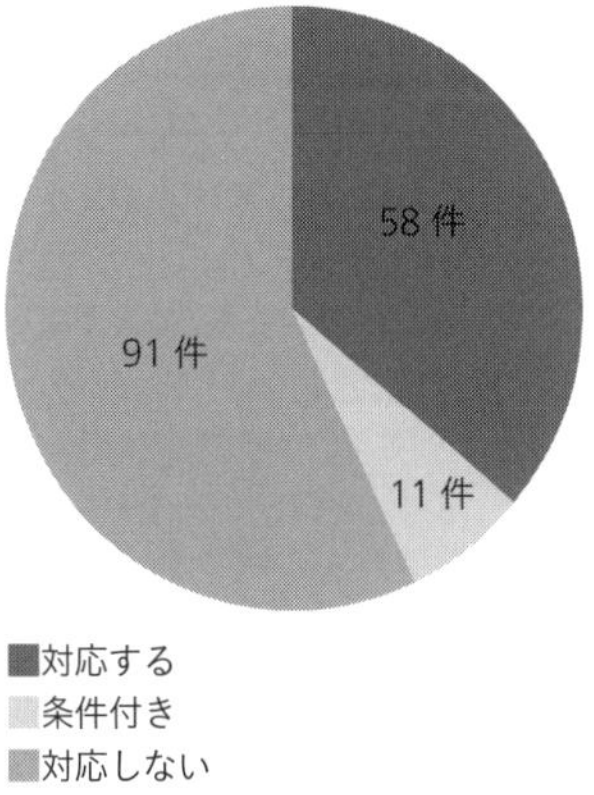

チェックポイント

★「イベント時の写真などがある場合には、請求書と同封しています」「家族にたいしてとくに伝えるべきことがある場合には、電話連絡をするようにしています」という回答が多かった。そんなの当たり前！

★離れて暮らす子どもたちには、「本来ならば自分の近くで両親のことを気遣ってあげたいのに、それができない」という後ろめたさがあるものだ。だから、無理のない範囲でいいから、日々どのようにすごしているのかを教えてほしいのである。簡単なメモ書きでいい。メール１本でもいい。子どもたちの気持ちを汲み取ってあげられるような職員に出会いたいものだ。

⑩遺言状作成の段取りを頼めるか

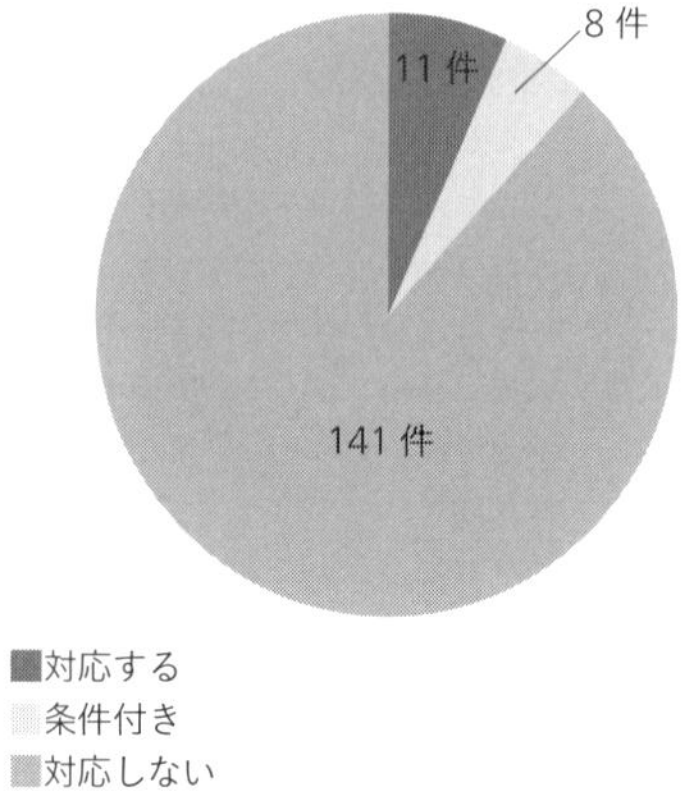

チェックポイント

★終のすみかである以上、エンディングに係る相談に対応するのは当然だろう。ところが実際にはご覧の結果である。

★「条件付き」というのは、「提携している法律事務所と事前に契約を結んでいれば対応する」という意味。ベネッセスタイルケアやメッセージの責任者いわく、「こうしたニーズへの全社的対応を検討中」だそうだが、さて、信憑性はいかに……。

⑪予算内で葬儀の一切合財を賄ってくれる葬儀社を探してもらえるか

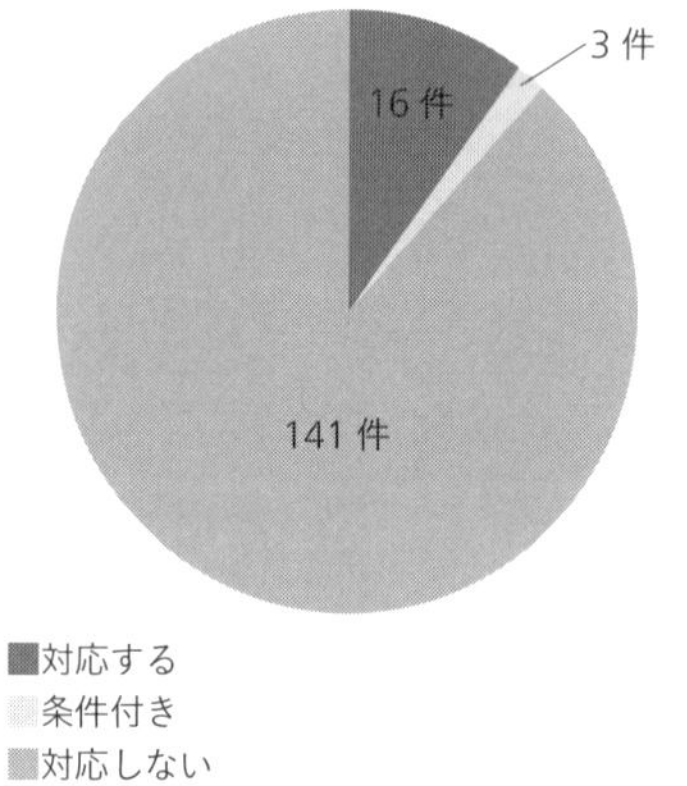

チェックポイント

★可能性として、離れて暮らしている子どもたちが親の死に目に会えないケースは十分に想定される。終のすみかと喧伝していながら、エンディングの支援に対応しないというのは理解できない。

★「条件付き」というのは、「入居者や家族が事前に葬儀社を決めていて、それを共有できていれば対応しますよ」ということ。

⑫夜間緊急時に、受入れ医療機関まで円滑に引き継いでもらえるか

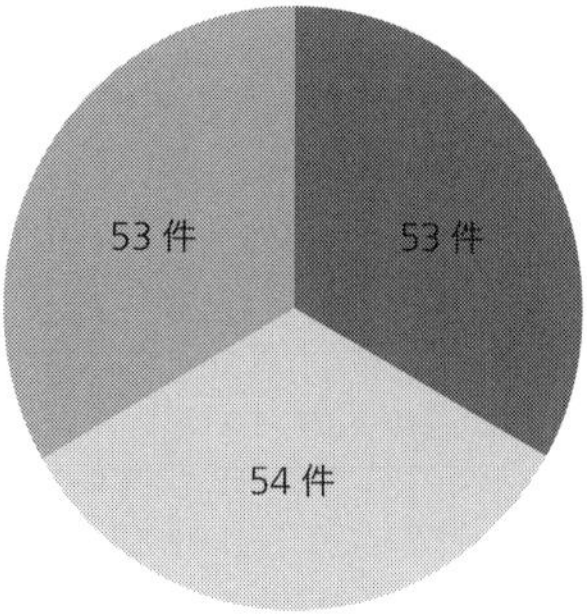

■医療者と専門職員が受け入れ先につなぐ
■ホームヘルパーが救急車に同乗する
■救急車を呼ぶだけ

チェックポイント

★介護会社が運営する物件は、基本的に要介護2以上の高齢者を束ねようとするものだ。ということは、何かあった場合の医療サポート体制がしっかり整った環境でないと安心して暮らすことができないということになる。にもかかわらず、である。

★大手のなかにも、「うちは救急車には同乗しない」と明言するところもある。夜間の時間帯に看護師すら配置していない物件がほとんどだ。

★入居前に、休日や夜間の緊急時には、「誰が何をどこまでやってくれるのか」「家族へはどのタイミングで連絡が来るのか」「救急受け入れ先の病院で、医者にたいして、どのようにして入居者の日頃の状態を伝えるのか」について、納得のいく説明を求めなければ怖くてしかたない。

⑬電話応対の基本マナー（3コール以内、挨拶、名乗り）はできているか

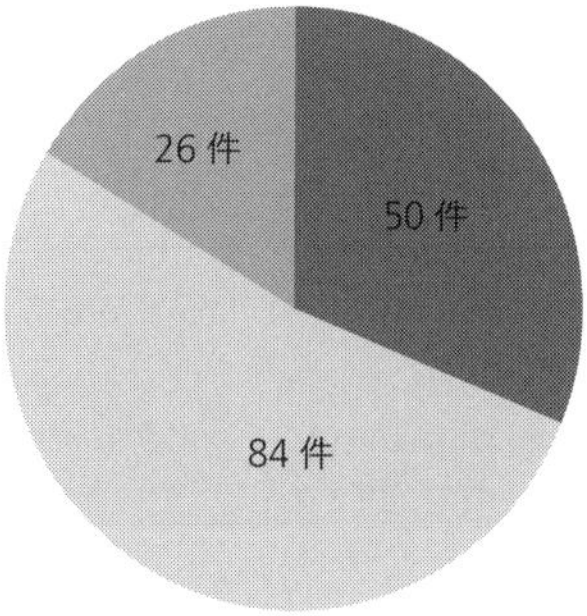

■適切
■普通
■不適切

チェックポイント

★基本マナーとして、以下の3点を確認した。

(1) 電話をかけた時、コール音3回以内で応答があったか

(2) 挨拶はキチンとできているか

(3) 事業者名のみならず、受話器を取った職員が名前を名乗ったか

⑭言葉遣いは適切か（敬語、平易な表現、あいづち）

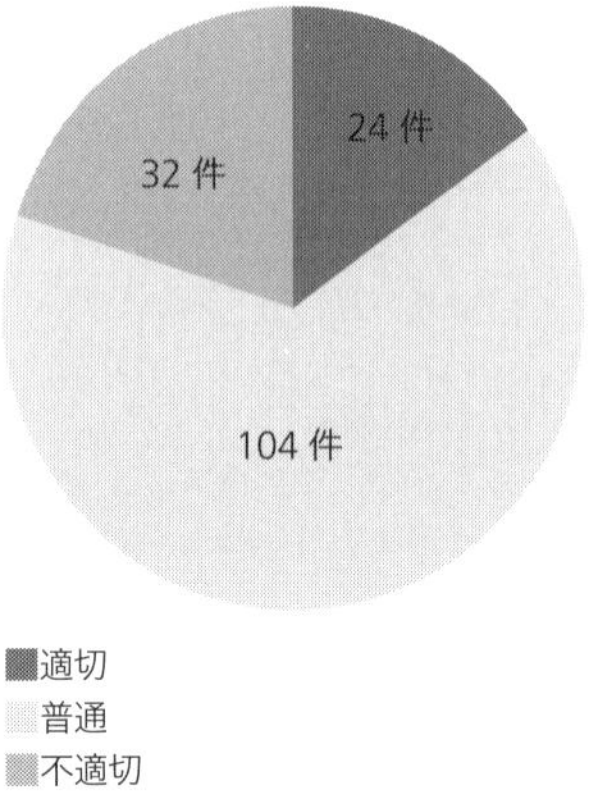

チェックポイント

★「たぶん大丈夫っすよ」、自分たちを「ウチは」、こちらを「オタクは」、業界用語や横文字を連発、不快なあいづち。

★入居者が人生の先輩だという認識があれば、当然、敬語表現になり、介護について知識がない相手という認識があれば、当然、平易な表現に努めるはず。しかし、前項同様の体たらくである。

★その結果、高齢者施設や高齢者住宅では、職員の言葉によって傷ついてしまう入居者がたくさんいるという哀しい現実がある。

★電話で会話して、何か心にささくれだったような感じを抱いたなら、そんな物件は期待できないと考えたほうがいい。

⑮質問にたいする回答は適切か（わかりやすさ、感じよさ、簡潔さ）

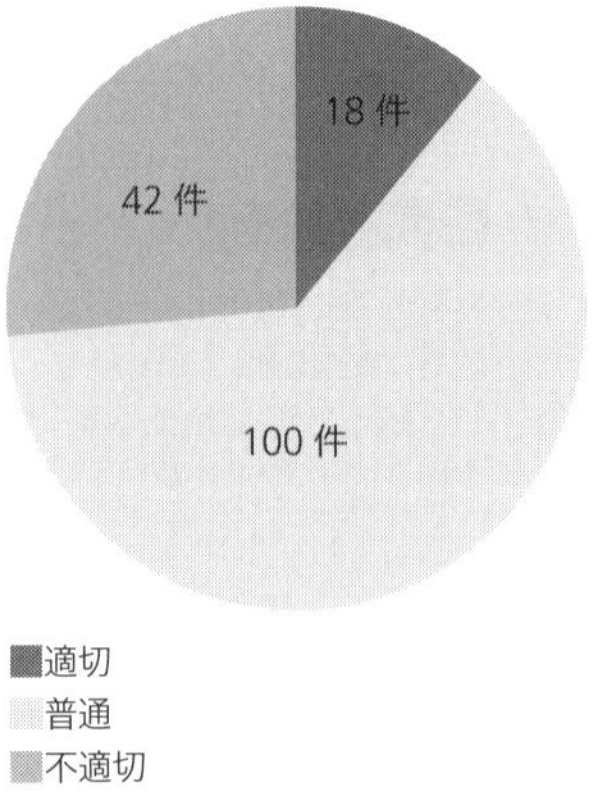

チェックポイント

意図的かどうか、以下のようなボタンを掛け違えた回答をする職員が多い。

★「部屋食はできますか？」という質問に、「ケアプランに食事介助が盛り込まれていれば部屋食にも対応しております」

★「主治医に検査データを借りてもらえますか」という質問に、「個人情報なのでご本人でないとできません」

★「夜間や休日に万一のことが起きたら、お医者さんは来てくれますか？」という質問に、「私どもでは○○クリニックと連携しておりますから、休日夜間でも安心です」

★他に、こちらの質問にYes・Noをきちんと答えず、ダラダラと説明を続ける。筋道がおかしい。

さて、いかがでしたでしょうか。私としては、これは衝撃的な結果です。年々、終のすみかに係る相談件数が増えている理由がよくわかりました。現状を見る限りにおいては、サービス付き高齢者向け住宅（サ高住）とは「サービス付き」ならぬ「サービス抜き高齢者向け住宅」なのだということを実感しました。

運営事業者別の傾向と印象

次に、運営事業者別の傾向と印象についても触れておきます。この手のデータを掲載すると、必ず運営事業者の本社や本部から（現場からのコンタクトはほとんどない）クレームに近い問い合わせが数多く入ってくるものです。「あなたの主観に過ぎないだろう」と。

たしかに主観です。でも、実際のビジネスというのは、多くの顧客の主観の総和で業績や支持率が決するものです。たまたま電話を取った職員が不適切な応対をしたのだとしても、そこで与えた印象が入居につながるかどうかの浮沈を握っているのです。

ということで、ここは堂々と、私どもの主観で感想を述べてみます。

（1）ニチイ学館
コールセンターに依存しているせいか、現場管理者の電話応対は慣れていない。看護師常駐物件以外のサービスは、全体的に不安を感ずる結果となった。
（2）メッセージ（アミーユ）
調査対象社のなかでは、日中時間帯の顧客対応がもっとも無難。ただし、物件によって幅が大きい。遺言状・葬儀の話になると、「なぜそんな話をしてくるの？」的に、けげんな反応をする職員が多く、全体としての好感度を落としている。
（3）ベネッセスタイルケア（アリア）
高級ホームを売りにしており、看護師常駐などサービスは手厚いと思われた。ただし、遺言状・葬儀の話となると、暗に「そういったことは当然家族で対応するものでしょ？」と思いながら受け答えしているのが伝わってきて印象がよくない。
（4）ベネッセスタイルケア（グランダ／ボンセジュール）
質問に対して的確な返答がない場合が多い。職員のコミュニケーションスキルに難あり。
（5）学研ココファン
施設により大きく異なる。最初から職種を添えて名乗るなど好印象の物件もあれば、名乗りもせずに一方的に話しつづける職員もあった。

(6) ワタミの介護

アットホームな対応で、遺言状や葬儀の話にたいしても、「お気持ちはわかります」などの共感・受容の対応ができている。ただし、一部の新築大型物件は愛想が悪い。

(7) やさしい手

別途料金との回答が多く、価格体系が不明瞭。全体的に、おどおど感が伝わってきて、「この職員で大丈夫だろうか」という不安が感じられた。

(8) ココチケア

ケアリビングとメディカルレジデンスの医療支援体制に差がなく、メディカルレジデンスの付加価値がわかりづらい。

(9) 医療法人が事業主体の物件

医療体制はしっかりしている印象を受けたが、接遇レベルが低い。

(10) 社会福祉法人が事業主体の物件

医療法人主体の物件同様、対応はそっけないものの、社会福祉士による盤石な相談体制などの付加価値をアピールできていた。

現地訪問による覆面調査とその結果

さて、第5章の最後にお届けするのは、直近に行った現地訪問による覆面調査の結果です。

２０１４年の5月から7月にかけて、東京都内近郊で大手介護会社が運営する約20物件を実際に訪ねてまわりました。

まさしく現地突撃訪問。先述の覆面調査結果を受けてさらに質問事項を精査し、第4章に掲載した25のチェック項目に基づき50点満点で採点してみたのです。各物件のホームページやパンフレットを見ただけでは、どれもこれも同じように素晴らしい印象を抱いてしまいがちです。でも、実際に現地を訪れ、さまざまな質問をし、じっくりと相手の回答を見極めてみると、そこには明らかに差が生じてきます。

また運営事業者が同じであっても、現場責任者や面談相手の職員によってかなりのちがいがでてくるもの。だからこそ、現地で親子双方の五感を総動員し、納得いくまでしっかり品定めをしておきたいものです。人生最後の大きな大きな買い物です。手間暇を惜しんではいられません。

◆ 東京都内近郊の覆面調査結果

会社名	物件名称（仮名）	快適性	安心度	安全性	総合得点
ワタミの介護	施設A	18	17	8	43
メッセージ	施設B	12	18	8	38
ベネッセスタイルケア	施設C	13	16	8	37
太平洋シルバーサービス	施設D	14	16	6	36
学研ココファン	施設E	13	12	8	33
ベネッセスタイルケア	施設F	11	16	6	33
未来設計	施設G	12	16	2	30
工藤建設	施設H	10	14	4	28
メッセージ	施設I	8	12	8	28
メッセージ	施設J	8	12	8	28
メッセージ	施設K	8	12	8	28
ベネッセスタイルケア	施設L	12	10	6	28
ワタミの介護	施設M	12	11	4	27
メッセージ	施設N	10	9	8	27
デンマークINN	施設O	8	11	6	25
綜合ヘルス・ケア	施設P	6	13	0	19
ベストライフ	施設Q	7	5	2	14
ニチイ学館	施設R	7	7	0	14
		（20点満点）	（20点満点）	（10点満点）	（50点満点）

今回の総合得点トップ3は、

「ワタミの介護　施設A」（43点）

「メッセージ　施設B（アミーユレジデンス）」（38点）

「ベネッセスタイルケア　施設C」（37点）となりました。

逆に、ワースト3は、

「ニチイ学館　施設R」（14点）

「ベストライフ　施設Q」（14点）

「綜合ヘルス・ケア　施設P」（19点）でした。いずれも50点満点での採点です。なお今回、具体的な施設名は伏せさせていただきました。

くれぐれも間違えないでいただきたい

のは、第4章に掲載した「高齢者ホーム選定基準25項目」は、入居者ひとりひとり、比重の置き方が違ってきて然るべきだということです。

わかりやすい例をあげれば、自立した状態で入居する人であれば、快適性を重んじるでしょうし、同時に、徐々に心身が弱ってきた時のために、その進行度合いに応じて必要なサービスを調達してくれるようなフレキシブルな相談窓口の存在を欲するかもしれません。

一方、すでに要介護状態にある人であれば安心度を重視するはずで、とくに平常時および緊急時の医療サポートに寄せる期待が大きくなるはずです。

要は、入居者個々に優先順位が異なるということです。

にもかかわらず、ダマされる（失敗してしまう）多くの人たちは、自分にとって何が重要なのかも考えず、ただやみくもに現地へ行って、表面的な説明を聞いただけで判断しようとしてしまう……。だからダメなのです。

この前提を踏まえたうえで、私が現地訪問覆面調査を終えた直後にしたためた備忘録を開陳することにします。各物件の調査を終えた直後に書きなぐったものなので、正直すぎる表現やちょっと乱暴な言い方もありますが、逆に臨場感がたっぷり詰まっていると思います。まさに、実録！潜入レポートといったところでしょうか（笑）。肩の力を抜いて読んでみてください。

得点上位の3物件

★「ワタミの介護　施設A」(43点)

アポとりの電話でのやりとりから想像した通りの人物が出迎えてくれた。企業をリタイア&転職した年配の男性。会社勤めを経験したことのない人だと、ちょっと構えてしまう雰囲気かもしれない。

同施設は、2013年9月に開設したばかり。9ヶ月が経過した現時点で、3階フロアが丸々空室状態だ。玄関前パーキングには「モデルルーム公開中」というノボリが。

また、見学するだけでワタミ弁当5日分を宅配してくれる特典つき。都知事選にも出馬した、あの渡邉美樹氏の顔がちらついてくる。

案内人の眼鏡越しに注がれる視線はこちらの本気度を測定するかのようだった。

ひととおりの説明を終えて、館内案内後、面談室へ戻ると、とにかく「ひとまず予約しておきませんか」とくる。これまで見学したなかで、ここまでストレートに再三仮予約をせがまれたのは初めて。

おまけに、社員用のワタミでの飲食割引券まで付けてくれた。が、逆にこうした押せ押せ感のある積極的な接遇姿勢に、多くの場合、購買者側は萎えてしまいがちなものである。

現地職員の接遇は断トツだし、居室のレイアウト&デザインも、周辺環境も抜群だっただけに残念だ。

最後に挨拶に出てきたホーム長は、しっかりした印象の現場叩き上げだ。彼女が話している時、横でふんぞり返って様子を眺めている案内人のオジサンの佇まいは明らかに上から目線。キチンと対応しているかどうかを審査しているようだった。

それにしても、彼以外のすべての職員がさわやかで感じがよかった。お風呂掃除中のヘルパーなんぞは秀逸だった。清潔感も見栄えもグッド。スノコを洗う手を休め、入居者の入浴風景や窓から見える景色について、バスガイドさながらに、こちらがカラー動画でイメージできるようなガイドをしてくれた。

館内ですれちがう職員は、みな歩みを止めて笑顔で挨拶してくれた。ふつうは、この「歩みを止めて」ができない。

居室からは府中競馬場を取り囲むような新緑がまばゆくきらめいていた。私自身がここで生活したらきっと楽しいだろうなと感じたものだ。ああそれなのに案内人の彼といったら……。顧客対応は50歳を過ぎたら若い世代に引き継いだほうがいいのではないか……。結果、彼以外はほとんどが期待以上であった。

★「**メッセージ　施設B（アミーユレジデンス）**」（**38点**）

メッセージの物件は複数調査する予定だが、今回はサ高住モデル（Cアミーユ）ではなく介護付き有料老人ホームモデル（アミーユレジデンス）である。

アポ取りからスムーズで、対応してくれた管理責任者も、他のCアミーユ同様、若くて爽やかで頼りがいもある。メッセージは良い人材揃いというのが実感できる。

Cアミーユとアミーユレジデンスのちがいについて、「介護部分の自己負担が一定なのがレジデンス（施設）。使用量に応じて増減するのがCアミーユ（住宅）」とじつにわかりやすく説明してくれた。

が、「サ高住とちがって有料老人ホームというのは施設。施設だと介護費が丸め（入居者の実際のサービス利用量にかかわらず、その「要介護度」に応じた報酬が企業に支払われる）だから、外出や外食の同行といった、介護に係るサポート以外の費用は外だし（入居者側がすべて自己負担しなければならない別途費用）になるのでは？」と尋ねてみると、信じられない答えが返ってきた。

「職員の稼働可能時間との兼ね合いになるが、基本的には固定の介護料金しかいただきません。

アミーユレジデンスは、施設の良いところと住宅の良いところを両立していこうというコンセプトなのです」

これは入居者側にしてみれば超ラッキーな話。多少の無理をお願いしても、別料金が発生することなく死ぬまで（要介護5の場合であっても）月額25万円かからずに暮らし続けることができるかもしれないのだから。もちろん、これまでに視察してきた施設はみな別途料金での対応。あるいは、そもそも共同生活が前提だからと対応してくれないところさえあるのだ。

彼の発言、しっかり録音してあるので大丈夫。他のレジデンスでも同様に言ってくれるのかどうか、ぜひとも確かめてみたい。で、本当にそれがスタンダードなのであれば、メッセージには脱帽。

もうひとつ、彼の対応で素晴らしいと感じたのが、過去の事故事例や職員研修の内容についても詳しく話してくれたこと。自身の仕事への自信と誇りが伝わってきて清々しい。こんなリーダーがいる物件であれば、実の子が親を見るよりよっぽどリスクが低いだろう。

「あとは職員ひとりひとりにレジデンススタイルを浸透させていくこと。そのために自分がしっかりしなければ」と凛と語る表情はキラキラと輝いていた。理想のトップ。非常にすがすがしい！

★「ベネッセスタイルケア　施設C」（37点）

対応してくれたのは、同施設の男性ホーム長。30代半ばの好青年ながらチャラいところはいっさいない。じつに人あたりが良く、直前に調査した同運営会社の別施設のホーム長と比べても、自信と誇りに満ちた言動が頼もしい。できること、できないことの明確化。できない理由の明確化。さらに、入居者トラブル事例についても包み隠さず教えてくれる。

何もそこまで……と言うと、「ご家族はいちばん心配される点だとも思いますから」。また、職員の質についても、「どうしても100％全員が自分の意図を汲んで動いてくれているかと言えばそうではない。だからこそ繰り返し指導していかねばなりません」という顔は真剣そのもの。

顧客側の理想である老い支度の相談窓口の一本化についても、「ベネッセが目指しているゴールもそこ。これまではそうした具体的要望はなかったが、これを機に取り組んでいきたい。時間はかかるだろうが、当座は個別対応ということで、入所時に細かな摺り合わせをお願いしたい」と言い切った。カッチョいい～っ！

ここまで言ってくれる介護職に初めて出会った。期待を超える対応である。

さて、設備面についても触れておこう。全館にわたり太陽の光がふんだんに取り入れられていて清々しい。

各フロアにある共有ホールには入居者がかなりおり、実感として生活場所なんだなぁ……と認識できる空間になっている。

で、入居者がまた品が良い。デザインやレイアウトも小洒落ていて、ペンションの食堂みたい。これまで見たなかでいちばん惹かれるホールである。廊下幅もしっかりと車椅子がすれちがえる広さを確保。フロアごとに個室風呂があるのも気に入った。

あとは、訪問診療ドクターが入院設備を確保していること。これは心強い。今回は、かなり納得のいく現地視察になった。

得点下位の3物件

★「ニチイ学館　施設R」(14点)

多くの著名人が眠る公園墓地から、さほど距離をおかぬ閑静な場所に当該施設はある。黄昏になれば寂しく、深夜ともなれば怖さも漂う立地。もともと同所にあった老人ホームが経営不振に陥ったのをニチイ学館が買収・リフォームしたのが、現・施設Rとのこと。

ひっそりとした佇まいの外観同様、相手をしてくれたケアマネも頼りなさげなシニア男性だった。笑顔がない。思えば、事前に電話した際も、サービス業に携わる人の応対にしては元気がないと感じたものだ。

館内もひっそりと暗く、現に照明も最低限。省コスト？　ケアマネも人が悪いわけではないのだが、楽しそうに仕事をしていない。営業トークも皆無。ある意味、信用できる人物かもしれない。

通常の施設なら食堂やテレビの前で時間を過ごす入居者が散見されるのだが、それもない。3人の入居者とすれちがうも、お互い挨拶も声かけもない。

事務室以外では介護職員と顔を合わせることもなかった。ムードは良くない。というか、そこで人が暮らしているんだなぁという生活感や生活臭みたいなものがまったくないのだ。いよいよ死期が近づいた人が外界との繋がりを絶ち、いざその時に備えて心を整える悟りと祈りの空間。多少なりとも華やかさや賑やかさを求める人には向かない施設。

★「ベストライフ　施設Q」（14点）

企業の独身寮をリフォームした外観はふつうのアパートと変わらない。外観にお金をかけてゴージャス感を演出する物件が増えるなか、「勝負は中身（ソフト）だ」と主張しているようで逆に好感を持つ。

玄関を入ってすぐ愕然としたのが煙草。この匂いは嫌煙家には我慢がならない。喫煙する入居者もいるため……とのことだが、何も正面入口入ってすぐの場所を喫煙ＯＫにすることもないのでは？

煙草によるネガティブスタートとなったが、出てきたのは女性施設長。介護職としては平均以上の接遇。質問によっては回答に窮する場面もあったが、おおむね感じよく対応してくれた。物件の構造上の制約ゆえ、職員と廊下ですれちがうのもひと苦労。当然、職員もキビキビとした動きはできなくなる。

それとビジュアル。介護は肉体労働的な面が多いかもしれないが、くすんだ色のジャージに決して小綺麗とは言えないエプロンは気が重くなる。機動性だけでなく、周囲に明るい雰囲気をもたらすような見栄えも必要ではないか。

しかし、それ以上にストレスがたまったのは本部との情報連携のあり方。アポ取りの段階で、本来ならば本部の相談員が見学者対応する旨を告げられたのだが……。土曜日は稼働相談員がひとりしかいないとのこと。そのスケジュールを確認して折り返すと説明してくれたまでは良かったが、結局、相談員と会話できたのは1時間後。さらに、時間調整がつかず相談員抜きで現地見学することになったのだが、同所を訪れた時点で現地に連絡が届いてない。本部と現場の連携が脆弱なのがよくわかった。

入居相談や現地見学には現場ではなく本部の人間が対応する……。こういうルールを敷いている大手介護会社がよくあるのだが、蓋を開けてみると、本部と現場の温度差や認識違いが溢れていることが多い。

よって、入居者や家族が何かを相談した際に、結局は現場施設長個人の善意と工夫で対処するしかなくなってしまう。これはこわい。人が変わったら、それまで対応してもらえていたことが突然打ち切られるなんてことが出てくるからだ。

★「綜合ヘルス・ケア　施設P」（19点）

極めて無機質な電話応対。名乗らない。現地に着くと、小金井の本部から入居アドバイザーなる肩書きの老人が出迎えてくれた。70歳は超えてる？

それより何より、もっとも気になったのが臭いだ。館内の各所が臭い。居室だけは問題ないものの、それ以外は廊下も風呂場も客間もイベントスペースも。きな臭いというかカビ臭いというか、どこもかしこも臭う。

それに、天井がかなり低い。しょっちゅう身をかがめて歩かねばならない。さらに、居室にトイレがない。あり得ない。

面会も19時まで。食事はホールでのみ。外出&外食同行は現実問題として無理。制約だらけ。「やはり共同生活ですから……」と言うだけあって、これまで見たなかではもっとも融通が利かない。

そうそう。職員も軒並み高齢だ。創業者は元・小金井市長だそうで、長年の福祉行政経験から老人ホーム事業を始めたとのこと。小金井市の退職者を受け入れているのかなぁ……と思ってしまうほどに年齢が高く見える。愛想も決してよくない。なんだか気分が滅入ってくる。で、なんとここもキャンペーン期間中だとのこと。月額料金約33万円が、今なら6ヶ月間23万円でOK牧場だ。しきりに入居者本人を伴っての見学日程を決めようとしたがるのも不安要素である。

途中で施設長が挨拶に割り込んでくるも、本当に名刺だけ置いて立ち去っていった。じつにミステリアスだ。

最後に聞いてみた。自分がそうなったらここを選ぶかと。驚くことに、彼は即答した。きっぱり「NO!」と。自分は山へ引っ込んで静かに枯れるように死んでいくのだと言う。同感ではあるが、嘘でも「自分なら絶対ここ。なぜなら……」と言ってほしかったなぁ～。

多少は楽しんで読んでいただけたでしょうか。

繰り返しますが、読者のみなさんに間違えてほしくないのは、ここに載せたメモは、あくまでも私の価値観に依るものだということです。実際には、みなさんのご両親の価値観に基づいて優先順位の高いチェック項目が決まり、現地で何を質問するのかが決まるということ。そのことを絶対に誤解しないでくださいね。

私自身、あらためてメモを読み返してみて、やはり老親だけで取り組むのは困難かもしれないと思いました。お子さん世代の応援があると、心強いと。

読者のみなさんには、ぜひ最後の親孝行をして、ご両親がババをひかぬようにサポートしてあげてほしいものです。この作業は、必ずや近い未来、読者のみなさん自身がその時を迎えた時の貴重なリハーサルとなることは間違いありませんので。

さぁ、次の突撃取材のレポーターは……、アナタです！

第6章

よくある質問、まとめて回答

最後の章では、私どもに寄せられたさまざまな質問の中から、よくある質問を取り上げてお答えしようと思います。実際の終のすみか探しで壁にぶつかった時に、パラパラとめくって確認するような使い方をしていただければいいと思います。

質問内容が多岐にわたるため、便宜上、「大前提に係る質問」「物件のヒト（職員）に係る質問」「物件のモノ（設備）に係る質問」「物件のコト（サービス）に係る質問」「物件のカネ（費用）に係る質問」「物件の情報（情報開示）に係る質問」「その他の質問」にカテゴリー分けして整理してみました。

本文と重複するものもありますが、人間というのは忘れる動物ですから、重要なことは何度も繰り返して読んでいただくのが良いと思っています。あらかじめご了承ください。

大前提に係る質問

Q1　なぜ元気なうちから、終のすみかについて考えておく必要があるのですか？

急《せ》いては事をし損じる、から。自分の死に場所のことなんて誰だって考えたくないテーマです。だから先送りしてしまいがちです。でも必ずソノ時はやってきます。多くの場合、突然に。で、動揺して、右往左往して、たまたま目の前に現れた専門家もどきにダマされてしまう……。

だから、読者の娘さん・息子さんたちには、大切な親がそうならないように、情報収集と方針立てをサポートしてあげてほしいのです。

親子で共同戦線を張れば、終のすみかでの失敗リスクをきっと回避できるはずです。

Q2 預貯金ゼロの人は、いったいどこで死ねばいいのでしょうか?

本当にお金がないなら生活保護を受けるべきです。そうすれば公的施設に優先的に入れますし、費用も払わなくていい。生活保護を受給しないまま死にそうな状況に陥ってしまったなら、その時は、近隣のそれなりの規模の病医院まで這っていって倒れればいいでしょう。あとのことは、職員が全部やってくれるはず。これがニッポンの良いところ（美徳？）です。

ついでに、「限度額認定証」について書いておきます。国民年金だけを拠り所に暮らしている人であれば、自治体の保険年金課で限度額認定手続きをすることで月々の医療費自己負担が上限1万5000円ですみます。介護保険課でも同様の手続きをすると、月々の介護費自己負担が上限1万5000円ですむのです。ただし、慢性的財政難の自治体では、こういった情報を積極的には流しません。積極的に情報収集しないと、有用な情報は手に入らないと思ったほうがいいでしょう。

Q3　最後のさいごまで自宅で過ごすことはできますか？

できます。ただし、そのためには条件があります。

①訪問診療（定期的な往診）をしてくれる医者

②訪問診療医の指示で訪問看護をしてくれる看護師

③介護や生活に必要サービスをコーディネートしてくれる福祉専門職（ケアマネージャー、社会福祉士）

④安否確認ほか日常的に気遣ってくれる近所の人（民生委員、老人クラブの役員や仲間）

これらが揃えば身寄りがなくても自宅で死ぬことは可能です。

ただ、どうしても、誰も訪れていないひとりの時間ができるため、一時的な孤独死のリスクは残りますが。その覚悟だけは忘れずに。

Q4　現地見学をしたいのですが、事前にアポを取らないといけませんか？

結論としては、アポはあってもなくても構いません。

アポを取ると、相手方は受け入れ態勢を整えるものです。当然、見せたくない部分は見えないようにする。入居者確保に必死な物件の場合、本部から営業系職員（ふだんは現地にいない人）を派遣することも多いので、その場合は現場の真実が見えづらくなります。

逆にアポなしだと、管理的立場の人と会えない場合があります。現場職員は忙しく動き回っているため相手をしてもらえない可能性もあります。しかし、現場のリアルな雰囲気を感じることはできるでしょう。私であれば、まずはアポなしで雰囲気をつかみ、いいなと感じたらあらためてアポを取って再度見学に出向きます。なお、アポなしで話を聞こうと思ったら、現場がもっとも慌ただしくない午後2時〜午後4時の時間帯が望ましいでしょう。

Q5　現地見学の前に、何か準備しておくべきことはありますか？

いちばん重要なのは、「入居目的」「予算」「入居のための必須条件」をしっかりと描いておくこと。これなしの状態で、相手のビューティフルなセリフをあれやこれや並べ立てられると、自分の軸がブレてしまうからです。

朝起きてから夜眠るまでの一日をカラーで動画で描きながら、円滑な日々を過ごすために不可欠なサービスやサポートを洗い出すこと。いろいろ出てくるとは思いますが、そのなかでもとくに譲れない条件の上位3項目は言語化しておくことです。

なお、厚労省や自治体が管轄する「介護サービス情報公表システム」（www.kaigokensaku.jp）、国交省と厚労省管轄の「サービス付き高齢者向け住宅情報提供システム」（www.satsuki-jutaku.jp）、各物件のホームページなどで情報収集することもある程度は有効だと思います。

が、いずれも事業者側による自己申告データであることを忘れずに。むしろ、自分自身の直感こそ、意外とバカにはできないものです。

Q6　高齢の親だけで現地見学に行っても問題ないでしょうか？

本気で物件を見極めようとするならば、やはり、娘さん・息子さんの同行をお勧めします。

現役世代の人間が同席するだけで、相手側の真剣味が増すというか、こちらと向き合う意識がちがってきます。いよいよ契約するかどうかという段階になったら、ある程度専門知識を持った人に同行してもらえばなお望ましいと思います。

Q7　保証人や身元引受人がいない場合はどうすればいいのでしょうか？

経済的・社会的理由から行政措置として特養などの公的施設に入居する場合には、身元引受人になってくれる血縁や知人がいないこと自体が行政措置の理由のひとつになっている場合が多いので問題はありません。

一方、民間のサービス付き高齢者向け住宅（サ高住）や有料老人ホームに入居する場合、8割以上の物件で身元引受人が必要となる印象です。この場合の解決方法としては以下のとおりです。

① 身元引受人がいらない物件を探す。医療法人や大手企業が運営するサ高住には保証人不要のものがある。

②「相談に応ず」とする物件もある。具体的には、入居契約の際に保証人の代行支援を行っている企業や団体を紹介してくれる。

③ 他にも、高齢者住宅財団が高齢者の家賃を保証し、賃貸住宅への入居をサポートしてくれる「高齢者家賃債務保証制度」というのがある。これを利用すれば、同財団と基本約定を締結している物件を紹介してもらうことが可能。

④ 認知症などが原因で本人に意思決定能力がない場合には、成年後見制度の利用も視野に入れるといい。

他にも、賃貸契約保証制度を提供している企業や団体には、弁護士事務所、NPO法人、公益社団法人などがあります。しかし100万円以上の費用がかかりますし、対応してくれる内容もピンキリなので、十分に確認した上で利用することが大切です。いずれにしても身元引受人や保証人がいないことを理由にあきらめず、まずは自治体などにざっくばらんに相談することです。

物件のヒト（職員）に係る質問

Q8　現地では、誰に（役職、部署、資格など）話を聞くべきですか？

理想は入居者に話を聞くこと。ですが、そうさせないよう注意を払っている物件も多いので気をつけましょう。職員については、相手の立場によって、それぞれ確認しておきたいことがあります。

入居相談会や現地見学会では、入居者獲得を担う本社（本部）の営業系職員が前面に出てくる場合がほとんどです。この人たちには、契約条項やお金に係る話を積極的に確認したいところです。

現場責任者（肩書きとしては、施設長・事業所長・管理者など）には、入居者サービスの基本方針や基本姿勢、職員指導の考慮点、当該物件の特徴や強み、経歴や職歴、介護業界を志した経緯、あらかじめ準備した「入居した場合の譲れない条件」などを聞くといいでしょう。

現場職員には、挨拶や声かけをしながら、その人となりを見極めるのがいいでしょう。笑顔・表情・姿勢・態度・言葉遣いなど。話す機会があれば、介護の仕事にたいする思い、入居者にたいする思い、とくに注意・配慮していることなど。自分の親をここに入居させたいか聞いてみるのもいいと思います。

Q9　職員とのやりとりを録音しても問題ありませんか？

録音すべきです。入居後にトラブった場合のためにも必要です。

その旨、事前に断る必要はありません。「録音してもいいですか」などと確認すれば、確実に気まずい空気が流れるものです。だから、現地に着いたらボイスレコーダー（家電量販店に行けば、高性能のものが5～6千円で購入できる）のスイッチを入れて、胸ポケットかバッグに忍ばせておくようにします。

なお、隠し撮りしたものであっても証拠能力はあるはずです。

Q10　入居者に声をかけても問題ないでしょうか？

問題ありません。「こんにちは」も言わないほうが人としておかしいです。

会話できたらラッキーですし、入居者の表情はもとより、実際に入居してみた感想を聞けたら最高。なによりの判断材料になります。もしもそれを遮るような職員がいたとしたら、その時点で退散すべきでしょう。

Q11　入居後の相談窓口になってくれるのはどのような資格・経歴の人ですか？

肩書きとしては、生活相談員とかケアワーカーとかが多いです。物件によっては介護支援専門員（ケアマネージャー）。

私がとくに問題視するのは、通信教育などでホームヘルパー２級（福祉専門職のなかでもっとも取得しやすい資格）を取得したばかりで現場に放り込まれた相談窓口役に頻繁に出会うことです。つまり、実務経験がほとんどないわけです。よって、入居後に何を相談しても「できない」「わからない」「本部に確認する」のオンパレードになってしまいます。

とくにサ高住の場合、家賃の他に「生活支援サービス費」（月々５万円から６万円程度）なるものを徴収されるわけですから、なおさらレベルの高い相談窓口が求められます。

Q12　現場責任者はどのような資格や経歴の人ですか？

多くは長く介護職経験を積んだ人。たまに、現場経験のないビジネスパーソンと出会うことがあります。遠慮なく、本人に直接聞くべきです。

介護畑の人であれば、経営的な側面はどんな人がサポートしているのか。ビジネス畑の人であれば、介護サービスについてはどんな人が統括しているのか。それを確認したいところです。

Q13　介護職員は定着率が低いというのは本当ですか？

本当です。介護業界は給与水準が低いです。他業界の60％程度の収入で、労働自体は過酷。だから、ちょっと心が折れたり、ちょっと待遇の良い別会社を見つけたりすると転職してしまうことがよくあるのです。

逆に、職員があまりやめない職場というのは人間関係が円滑である確率が高いでしょう。これは入居者にとっても居心地がいいはずです。その意味で、職員の離職率について質問するといいでしょう。

私の持論としては、職員を束ねるのは現場責任者の人間的魅力。情熱と信念があって思いやりがある。そんなトップがいる物件は、相対的に入居者満足度が高いものです。

物件のモノ（設備）に係る質問

Q14　やはり異臭のある物件が多いですか？

以前と比べれば配慮されてきましたが、やはり多いことは事実です。入居者や現場職員は臭い

（匂い）に慣れてしまうものです。だからこそ見学時に確かめたい。玄関を入った瞬間、食堂に入った瞬間、エレベーターに乗り降りした瞬間、居室に入った瞬間、職員と向き合った瞬間。自分の鼻を信じよう。気になるニオイのなかで生活することは、ストレスを増幅させるのでとても重要なことです。

Q15　一般的な居室の広さはどれくらいでしょうか？

一概には言えません。ただし、最低基準が設定されていて、特養の相部屋（4人）では、1人当たり10・65㎡。トイレは共用。この空間にベッドとポータブルトイレが設置される。老健の4人部屋は、1人当たり8㎡。介護療養病床は6・4㎡。グループホームは7・43㎡。有料老人ホームは13㎡。ケアハウスは21・6㎡。サービス付き高齢者向け住宅は18㎡。

私の持論としては、いかに重篤であっても、25㎡以上はあってほしい。ちなみに、ビジネスホテルが20㎡～25㎡ですから、既存物件の狭さがイメージできると思います。

Q16　居室にあらかじめ備え付けられているものにはどんなものがありますか？

9割以上の物件でベッド、エアコン、カーテン、照明、緊急連絡装置は備え付けられていると考えていいでしょう。料金にもよりますが、有料老人ホームやサ高住では、ベッド、トイレ、浴室、洗面、キッチン、ＩＨクッキングヒーター、電気温水器、冷蔵庫、エアコン、テレビ、洗濯機、靴箱、収納、カーテン、緊急連絡装置、室内照明が完備されている物件が増えています。

Q17　居室には緊急連絡装置が必ず付いていると考えていいですか？

はい。ただし、いろいろな仕様があります。

望ましいのは、ベッドに横になったままの状態で双方向で会話できるタイプです。病院のナースコールと同等のものだと、ボタンを押しても職員が感知してくれたかがわからないからです。

また、カラダを起こさないと話せないとか、タクシーの無線みたいにお互いの声が鮮明に聞こえないとかいった性能の低いものは避けたいところ。また、居室内にトイレ・浴室がある場合には、そちらにも緊急連絡装置が取り付けられているべきです。

物件のコト（サービス）に係る質問

Q18　食事の出前や部屋食は頼めますか？

できない物件がほとんどです。偏食の人は十分にチェックしたいポイントです。

Q19　入浴の時間に制約はありますか？

入らないのは本人の自由ですが、好きな時間に入れるということはまずありません。ただし、有料老人ホームやサ高住で居室内に浴室が完備されていれば、当然自由に入ることができます。

Q20　外出や面会時間の制約はありますか？

あると考えておいたほうがいいでしょう。一部のサ高住には「制約なし」の物件もあります。

Q21　日常的な健康管理はしてもらえますか？

内科系医師による定期診療はあると考えていいでしょう。半分程度の物件は、それに加えて歯科医による口腔ケア、精神科医師によるカウンセリングにも対応しています。

Q22　入居前のかかりつけ医に継続して診てもらうことはできますか？

理屈としてはできます。しかし実際問題としては困難と思ったほうがいい。サ高住に限り可能性があります。

Q23 緊急時の連絡体制はどうなっていますか？

一概には言えません。入居相談会や現地見学会では、「提携医療機関があるので休日や夜間の緊急時でも万全」と説明されるでしょうが、実際のオペレーションは物件によりマチマチです。かなりテキトーなところもあるから要注意。

日常的に医療を必要とする重篤者であれば、医療サポートのあり方が生命線となります。第4章に書いたように、万一の場合の連絡体制&連絡手順については資料化したものを入手しておきたいところ。なければ作れと言いたいくらいに重要なポイントです。これは昔からトラブルの絶えないテーマです。

Q24 家族が駆けつけられない場合、救急車に職員が同乗してくれますか？

8割方の物件では、誰かは同乗してくれます。ただし、大手介護事業者が運営するサ高住でさえ、同乗してくれない物件もあります。

また、同乗してくれる職員のスキルも確認しておきたいところです。医療者に対して、入居者の症状や日頃の健康状態をキチンと説明できるだけの技量を持ち合わせているのかどうか。休日や夜間の職員だとちょっと不安が残ります。

Q25 エンディングに係るさまざまな問題について相談に乗ってもらえますか？

原則、期待できません。終のすみかだと謳いながら、どの物件も老い支度のサポートは脆弱極まりないのが実情です。そうした要望があるのであれば、入居前に明確に伝えておくべきです。現場責任者の裁量で対応してもらえる場合もあるからです。それを入居の条件にしてもいいくらいです。

物件のカネ（費用）に係る質問

Q26 退去する場合、入居一時金は返ってきますか？

有料老人ホームのほとんどの物件では入居一時金が設定されています。本来は入居時に預かった入居一時金を10数年かけて少しずつ売上計上していくべきなのですが、契約時にかなりの金額を初期償却（施設側が確保する取り分で、何があっても入居者には返還されない）したり、何かしらの事情で退去しようとしてもあれこれと理由をつけて返金してくれなかったり、といったケースがままあります。

私の持論としては、初期償却が30％を超える物件、あるいは償却期間が5年以下の物件は経営的に問題ありと考えざるを得ません。なかには、初期償却90％などというとんでもないルールを設定している物件さえあるから要注意です。サ高住の場合は、入居一時金を取らないのが慣習です。その代わりに、「生活支援サービス費」（月額5万円から6万円程度）なるものが毎月徴収されます。

Q27　入居一時金の平均相場はどのくらいですか？

数十万円から1億円近いものまでピンキリです。感覚的には、大都市圏（100万人都市）で1000万円。50万人都市で500万円といったところ。

Q28　月額費用の平均はどのくらいですか？

一概には言えません。賃料、共益費、食費、生活支援サービス費をあわせた金額は、100万人都市で月額30万円。50万人都市で月額25万円。20万人都市で月額20万円というのが標準でしょうか。20万人未満の都市であれば、月額10万円を切る物件も多数あります。感覚的にはこんな感じです。ただしあくまでも平均であり、都市部であっても、月額10万円台の物件はあります。

Q29　月額費用の内訳にはどのようなものがありますか？

賃料、共益費、食費、生活支援サービス費が基本です。光熱水費については月額費用に含まれる物件と実費精算の物件が半々程度。それ以外については別途費用が発生します。医療・薬・介護・紙オムツ・イベント（遠足・特別行事など）参加費など。

Q30　高齢者施設や高齢者住宅は明朗会計ではないって本当ですか？

有料老人ホームについては、だいぶマトモになってはきましたが、「入居一時金の償却方法」と「退去時の返還金」については説明不十分の物件もあります。

サ高住については「生活支援サービス費の内訳」が非常に曖昧です。金額が大きいだけに、納得いくまで説明を求めるべきです。質問時のコツとして、「何が含まれているのか？」と漠然と聞くよりも、自分が希望する具体的な支援内容を伝えた上で「できる／できない」を聞くほうが得策です。

Q31　よくある金銭トラブルにはどのようなものがありますか？

Q30で挙げたもの以外には、職員が入居者の金品を盗むトラブルが散見されます。報道されるだけでも、年間に5〜6件くらい。現在、多くの物件では、入居者の現金持ち込みを制限していますが、それでも、入居者が部屋に持ち込んだ小遣いをくすねたり、入居者から頼まれてATMにお金を引き出しに行った際に多めに払い戻しをしたり、というケースはなくなりません。他にも、入居者から頼まれて性的行為を行った対価として金銭を受け取ってしまったり……。心のエアポケットに魔がさして……といったことが多いようです。

福祉の世界には、純粋な志を抱いて入ってくる職員が多いと思うのですが、実際に現場経験を積んでいく過程でバーンアウト（燃え尽き症候群）してしまうケースが非常に多い。考えられる原因は、他業界、他職種と比較して6割しかない給与水準、オムツ交換や食事介助といった心身にストレスがかかるルーチン業務の繰り返し、脆弱な人事マネジメントと労務管理など。私の周囲でも、「未来が描けない」といった、職員側からの相談が年々増えています。

物件の情報（情報開示）に係る質問

Q32 契約前に、契約書や重要事項説明書の内容を入手することはできますか？

物件によります。入居契約書は必ずしも渡してもらえるとは限りません。

重要事項説明書については、全国有料老人ホーム協会が「入居者の希望に応じて重要事項説明書を渡すよう」指導していますが、これを逆手にとって、「要求されていないから渡さない」といった物件がよくあります。

契約書については言及がありません。ここらあたりが、一般のビジネス界と異なるところです。入居者側としては、断固要求すべきです。入居が確定していない場合でも、契約書および重要事項説明書を渡してくれたり、閲覧させてくれたりする物件が増えていることも確かです。私の感覚では、50%の確率で入手することが可能です。

Q33　職員向けの倫理規定について教えてもらうことは可能でしょうか?

高齢者介護の現場というのは、職員による虐待や暴言暴行が毎年ニュースになる世界です。入居者の自尊心や尊厳、プライバシー保護、自由意思の尊重などについて、職員が遵守すべき項目については必ず質問すべきだと思います。ただし、誠意ある回答がなされるかどうかは一概には言えません。

Q34　過去のトラブルについて教えてもらうことは可能でしょうか?

覆面調査をしてみてわかるのは、この質問をすると相手の表情やその場の空気が変わるということ。物件側はかなりナーバスになっていることが窺えます。はっきり言って、入居者やその家族との間にトラブルがないなどという物件はあるはずがありません。それを正直に話してくれるとともに、対策としてどのような取り組みを行っているのかについてキチンと説明してくれるのが本来の姿だと思います。しかし、残念ながら納得のいく対応をしてくれる確率は限りなくゼロに近いのが実情です。

Q35　緊急時の連絡手順について書面でもらうことは可能でしょうか？

重篤者にとってもっとも関心の高い項目であるにもかかわらず、文書化して渡してくれる物件は100件に1件。それだけではありません。職員によって説明が異なることすらままあります。必ず文書で渡してもらうよう要求すべきです。入居者のみならず、家族にとっても影響が大きい重要項目です。Q23、Q24参照。

その他の質問

Q36　どのような運営会社の物件が安全なのでしょうか？

一概には言えません。数としては、8割近い物件は介護系企業が運営しています。他には、建設・不動産系企業や病医院。

私の持論としては、リスクが低いのは、重篤者であれば、まずは地元で評判のいい病医院が運営する物件。次点で、大手介護系企業が運営する物件。

健常者であれば、運営主体はさして関係ないと考えています。むしろ、日常生活・緊急時・老い支度を一貫してサポートしてくれる相談窓口がいるかどうか。この見極めが円滑な老後生活の浮沈を握っていると考えます。

相談窓口を担う職員に求められるスキルとしては、コミュニケーションスキルとソーシャルワークスキル（医療・介護をはじめとする地域の社会資源を掌握していて、必要に応じて必要なサービスを調達できるコーディネート能力）を備えていること。医療や介護に精通したコンシェルジュみたいな人が理想です。

Q37　空き室が多い物件はリスクが高いと言えるでしょうか？

一概には言えません。開設して間もない物件であれば入居率が低いこともあるからです。ただ、開設から1年以上が経っても全居室の半分も埋まっていないような物件は、何か入居者が増えない理由があると思ったほうがいいでしょう。

Q38　一度入居してしまうと退去しづらいのはなぜでしょうか？

入居一時者の意識の問題と経済的な問題があります。有料老人ホームを退去するとなると、はたして入居金がどれくらい返ってくるのかが気になります。契約時点でかなりの金額が初期償却されてしまう（Q26参照）ためです。

入居一時金がないサ高住を退去する場合でも、転居に係る費用の問題があります。他にも、手間暇コストをかけてせっかく選んだ物件を解約して引っ越すことにたいするネガティブな意識が大きな壁となるようです。

Q39　「二十四の瞳」に候補物件をしぼり込んでいただくことは可能でしょうか？

はい。「物件探しの動機や目的」「対象地域」「予算」をおっしゃっていただければしぼり込み可能です。私ども「二十四の瞳」のサイトをご覧いただくか、事務局へコンタクトしてください

（連絡先は215頁参照）。

Q40　現地見学に同行していただくことは可能でしょうか？

はい。私ども「二十四の瞳」のサイトをご覧いただくか、事務局へコンタクトしてください。

たとえば54頁の成功事例はまさに同行させていただいたケースです。

Q41　訴訟の相談に乗っていただくことは可能でしょうか？

はい。私ども「二十四の瞳」のサイトをご覧いただくか、事務局へコンタクトしてください。

おわりに　〜娘さん・息子さんにお願い〜

ああ、またか……。なんでこうなるのかなぁ……。

これが、終のすみか絡みの相談を受けた時の私の偽らざる心情です。

ダマされた側は、こう嘆きます。

「こんなはずじゃなかった」

「聞いていた話とちがう」

「人生の最後にとんでもない失敗をしてしまった」

ダマしたほうは、こう開き直ります。

「説明させていただいたつもりです」

「ご納得いただいているはずです」

「私どもにできるかぎりのことはさせていただいております」


この食い違いは何なのでしょうか。答えは簡単です。ダマすほうは、抽象的な、きわめて杓子定規な美辞麗句だけを並べるからです。ダマされるほうは、きわめて上っ面だけのやりとりで判を押してしまうからです。

じつは、ダマすほうも、悪意を持ってダマしてやろうと意図している人ばかりではありません。入居者を確保する仕事の一環で、悪気なく、不利益となる箇所を迂回して話すことに麻痺してしまっているにすぎません。そして、この行為は、法に触れることはまずありません。

はっきり言いましょう。ダマすほうも悪いですが、ダマされるほうも悪いのです。自業自得と言えなくもありません。現代は、自己選択、自己責任の時代なのです。

かつて、マイホームやマイカーや生命保険を買った時を思い出してください。比較検討を重ねて吟味して、売り手にあれやこれや質問したはずです。

アクセサリーを買う時だって、バッグを買う時だって、新しい服を買う時だって、たくさんの時間をかけて、あちこち回って、納得してから買うはずです。だったら、なぜ最後の生活場所を買う時は、思考停止したまま、相手のいいなりになって購入してしまうのでしょうか……。私は不思議でたまりません。

ここ数年、高齢者世帯からの相談でもっとも多いのが、終のすみかについてのものです。それだけ関心が高いにもかかわらず、ダマされたと嘆く人たちはいっこうに減りません。

実際に現地訪問による覆面調査をしてみて、わかったことがあります。それは、ダマす側は懸命に勉強しているということです。だから、ダマされてきた側も、後悔しないための具体的なハウツーを勉強しなきゃダメです。


どうか元気なシニアのみなさん、次は何が起こるのだろうとわくわくする少年少女のような好奇心を持って、最後の自分探しにチャレンジしましょう！　相手のペースに乗っからないで、人生のファイナルステージを過ごすのに相応しい生活場所を見つけてください。そのためにも、早め早めに準備して、ご自分の価値観にあった高齢者ホームを見極めるに足るだけの意識と知識と技術を手に入れてください。そう願っています。

娘さん・息子さんとの親子タッグで臨まれる場合については、お子さんたちにお願いします。自分を慈しみ育ててくれた親が、人生の最後のさいごに後悔することのないように、最後の親孝行にトライしましょう！　お母さん・お父さんをうまくリードして、一緒に作戦を立てて、一緒に品定めに出かけてあげてください。できればお孫さんも連れ立って、ピクニック気分で見学ツアーを組んでみてほしい。そして帰り道、楽しく食事でもしながら感想を語り合ってほしい。そう期待しています。

そんな思いを込めて、これを書きあげました。

ただし、厚労省など公的な情報公開サイトで閲覧できる内容は、各物件の運営会社が自己申告したものです。医療機関のランキング本と一緒です。で、実態調査のたびに、指導対象となる物件がわんさか出てきます。やはり、実際に入居するご本人の五感で、実際の現場を見極めなければダメだと思います。それだけは忘れないでください。

覆面調査をとおして行き着いた、高齢者ホーム探しでダマされないためのバイブル。忙しい娘さんや息子さんでも、ご高齢の方でも、スッと理解できて実践できる高齢者ホームの品定めガイド。そんなものを書きたいとずっと思っていました。そんな機会にやっと恵まれました。チャンスをくださった株式会社WAVE出版の玉越直人社長をはじめ、同じく寺門侑香さん、読みやすい本にするために全身全霊で校正をしていただいた冬芽工房の星野智恵子さんに、心から御礼を申し上げます。

そして何よりも、拙い文章に最後までおつきあいくださった読者のみなさん。本当にありがとうございました。機会があれば、ぜひどこかでお目にかかれれば嬉しく思います。

この本が、後悔のない、自分らしい老後を送るための一助になること、そしてまた、ご両親想いの娘さん・息子さんから、大切なお母さん・お父さんへの最後の親孝行の一助になることを願い、信じて……。

平成27年8月1日

NPO法人「二十四の瞳」理事長

山崎宏

巻末付録

【巻末付録①】エンディング・アセスメントシート

Q1. 持病（生活習慣病）にたいする基本的な考え方

常用している薬はどれくらいありますか?

その薬を飲み続けて症状に改善はみられましたか?

新たに他の症状が出てきたりしていませんか?

主治医との相性はどうですか?

生活習慣病を根治するための方法について教えてもらいましたか?

自分の健康を維持するために、何か工夫していることはありますか?

Q2. 日本人の死因トップ「がん」にたいする基本的な考え方

がんだとわかった時、告知してほしいですか?

医者が摘出手術を勧めてきた時、どうしますか?

がんの3大治療の危険性を知っていますか?

Q3.（胃ろう造設も含めた）延命治療にたいする基本的な考え方

自分の口で食事が摂れなくなった時、胃に穴を開けて栄養を取りたいですか?

意識がなくなっても、人工的な呼吸補助を受けるなどの延命治療を希望しますか?

Q4. 認知症にたいする基本的な考え方

家族や近所に迷惑が及ぶような認知症の症状が出た時、家族に望むことは何ですか?

Q5. 終のすみか（死に場所）にたいする基本的な考え方

介護が必要になった時、どこで療養生活を続けたいですか?

人生の最後は、どこの街でどのような毎日を過ごしたいですか?

そのための予算は月々いくら用意がありますか?

Q6. **エンディングにたいする基本的な考え方**

最期を迎えるまでに、誰にどの程度の支援を期待しますか?

Q7. **資産分割(相続)にたいする基本的な考え方**

資産の全容について棚卸をどうしますか?

資産継承の青写真はどのように考えていますか?

遺言状の準備をどうしますか?

負の資産を隠しているようなことはありませんか?

家族が知らない相続対象者がいるようなことはありませんか?

最期を迎えるまで支援してくれる相手にたいして、どの程度の資産を残すことを想定していますか?

Q8. **葬儀にたいする基本的な考え方**

葬儀にかかる費用は誰が負担することを想定していますか?

ご自身が費用負担する場合、予算はおいくらくらいですか?

【巻末付録②】事前準備シート

(記入例)

終のすみかを探す目的は?		持ち家での独り住まいが困難
健康状態は?		自立
希望するエリアは?		東京都23区・横浜市内
希望する周辺環境は?		市街地
月々の支払い能力は?		①年金収入②預貯金÷120(ヶ月)③子どもからの援助④持ち家の売却収益÷120(ヶ月)⇒これらの合計
絶対に譲れない条件トップ3		☆最寄り駅から徒歩圏内 ☆外出の制約なし ☆万一の場合、救急車への職員の同乗

【巻末付録③】現地で確認したい25項目のチェックリスト

快適性	①職員の人となり（挨拶・姿勢・表情・態度・言動）
	②身の回り支援（ゴミ出し・清掃・宅配便・電球交換）
	③食事時間・場所の融通（時間・部屋食・嗜好・出前・外食）
	④面会・外出・外泊の自由度（時間的制約・外出同行）
	⑤建物（外観・内観・使い勝手）
	⑥居室（広さ・センス・トイレ・浴室・使い勝手）
	⑦共用部分（食堂・共同浴室・娯楽空間設備・禁煙分煙・決まりごと）
	⑧異臭・悪臭
	⑨イベント（多様性・内容・頻度）
	⑩立地（環境・アクセス・駐車場）
安心度	①トップ、生活相談スタッフの経歴・資格
	②安否確認（誰が、どれくらいの頻度で）
	③家族とのホットライン
	④緊急連絡設備
	⑤日常的な医療サポート
	⑥休日・夜間の要員体制（看護師が常駐かどうか）
	⑦緊急時の医療サポート
	⑧提携医療機関の入院設備
	⑨老い支度のサポート
	⑩職員研修（どのような研修を、年間何時間くらいか）
安全性	①セキュリティ
	②衛生管理（外部の人間が館内に入る際のうがい・手洗い）
	③耐震性・耐火性
	④契約関連書類（契約書・重要事項説明書などの控え渡しがあるか）
	⑤事故・トラブルなどについての情報開示
究極の質問	☆もしあなたのご両親を入れるとしたら、ここを選びますか？
	☆家族会のようなものがあれば、様子を拝見させていただけますか？
	☆介護のお仕事を選ばれた動機を教えていただけますか？
	☆他の物件にはない、こちらの素晴らしい点はどこですか？
	☆認知症の方と接する際、とくに工夫していることがありますか？

【巻末付録④】NPO法人二十四の瞳について

◎「お困りごとホットライン（コマホ）」とは

24時間365日、年中無休体制でシニアの方々の相談に対応しています。

たとえばこんなことにお困りではありませんか。

「体がいうことをきかないし、通院が面倒なので、定期的に往診してくれるお医者さんを探したいのだけれど」

「万一に備えて介護保険給付の手続きをしておきたい。でも、具体的な手続きがわからなくて」

「予算に見合う最後の生活場所を見つけておきたいのだけれど」

「医療費が高くて困っている。老後生活の資金繰りについて相談にのってくれるところはないものか」

「夫の入院先から突然の退院勧告。まだ自宅で看るのは不安。何とか転院先を探したい」

どんなことでも、高齢者援助のプロ「社会福祉士」が安心の熟年ライフを応援します。

◆年会費　3万6500円

掛け捨ての生命保険、互助会の会費、法律事務所の相談料等を参考に料金設定、「1日100円の安心」がコンセプトです。

◆問い合わせ先　NPO法人「二十四の瞳」事務局まで

◎日本初の老い支度大学『敬老義塾』を開校

2014年より、会員以外でも参加できるオープンカレッジを開校しました。

『敬老義塾』は、医療、介護、終のすみか、葬儀など、老い支度のすべてにわたって、楽しく、わかりやすく、具体的に学ぶことができる場です。ハッピーな熟年ライフのために、「転ばぬ先の折れない杖」を提供いたします。

◆目的　円滑な老い支度に役立つ「意識・知識・技術」の提供。「知らなきゃ怖い真実」「知らなきゃ損する真実」を共有し、理想の老後をデザインします。
◆入塾資格　おおむね50歳以上で、老い支度にたいする学習意欲の高い方
◆募集人数　先着100人
◆受講料（全20講座）　3万円
◆申込方法　NPO法人「二十四の瞳」事務局まで
　＊開校日程、会場についてはお問い合せ下さい。

■特定非営利活動法人　市民のための医療と福祉の情報公開を推進する会
（通称・NPO法人「二十四の瞳」）
〒231-0062　横浜市中区桜木町1-1-7　TOCみなとみらい10F
Tel　045-228-5327
Fax　045-548-3895
Email　npo24no1103@dream.jp
URL　http://24i.jp

山崎宏（やまざき・ひろし）

1961年東京都生まれ。慶應義塾大学経済学部卒業。日本IBMにて営業職を務めたのち、介護保険スタートの2000年に医療・福祉の世界へ転身。コンサルティングファーム、医療メディア、複数の病医院に勤務。2006年にNPO法人「二十四の瞳」を立ち上げ、2011年より独立。高齢者向けの相談サービス「お困りごとホットライン（コマホ）」や啓発アカデミー「敬老義塾」などを通じ、老い支度全般の支援を行っている。高齢者ホームの現地調査は200件超、覆面調査は800件に及ぶ。講演や雑誌への寄稿も多数。

“人生100年時代の老い先案内人”。社会福祉士、医業経営コンサルタント。NPO法人「二十四の瞳」（正式名称：市民のための医療と福祉の情報公開を推進する会）理事長。

NPO法人「二十四の瞳」ホームページ
http://24i.jp

家族みんながハッピーになる
高齢者ホームの探し方

2015年9月5日 第1版第1刷発行

著　者　　山崎宏

発行者　　玉越直人

発行所　　WAVE出版
〒102-0074　東京都千代田区九段南4-7-15
TEL 03-3261-3713　FAX 03-3261-3823
振替 00100-7-366376
E-mail: info@wave-publishers.co.jp
http://www.wave-publishers.co.jp

印刷・製本　モリモト印刷

ISBN978-4-87290-760-5
NDC369 215p 19cm
